架构师书库

ARCHITECTURE BASED ON AGGREGATED ELEMENTS
Oriented Digital Ecosystem Enterprise Architecture Based on Standard Component

聚合架构
面向数字生态的构件化企业架构

付晓岩 著

机械工业出版社
China Machine Press

图书在版编目（CIP）数据

聚合架构：面向数字生态的构件化企业架构 / 付晓岩著 . -- 北京：机械工业出版社，2021.9（2024.1 重印）
（架构师书库）
ISBN 978-7-111-69021-4

I. ①聚… Ⅱ. ①付… Ⅲ. ①企业管理 - 计算机管理系统 Ⅳ. ① F272.7

中国版本图书馆 CIP 数据核字（2021）第 172289 号

聚合架构：面向数字生态的构件化企业架构

出版发行：机械工业出版社（北京市西城区百万庄大街 22 号　邮政编码：100037）
责任编辑：杨绣国
责任校对：马荣敏
印　　刷：北京建宏印刷有限公司
版　　次：2024 年 1 月第 1 版第 3 次印刷
开　　本：147mm×210mm　1/32
印　　张：10.5
书　　号：ISBN 978-7-111-69021-4
定　　价：99.00 元

客服电话：(010) 88361066　68326294

版权所有·侵权必究
封底无防伪标均为盗版

将技术的构件模块化，可以更好地预防不可预知的变动，同时简化设计过程。但只有当模块被反复使用且使用的次数足够多时，才值得付出代价将技术分割为功能单元。

——布莱恩·阿瑟，《技术的本质》

内容是设计最原始的材料。接下来要做的是内容的重组与操纵。

——保罗·兰德，《设计的意义》

当我开始着手创造 Scrum 时，并没有打算创造一套新的"流程"。我只是想汇总一下之前几十年里关于最佳工作方式的研究成果，看看都有哪些最佳做法，然后借鉴过来，效仿一下。

——杰夫·萨瑟兰，《敏捷革命》

掘井九仞，犹为弃井；山亏一篑，遂无成功。

——梁启超，《过渡时代论》

| 前　言 |

让企业架构方法论再演进一次

为何写作本书

笔者从事企业架构实践多年,也一直在思考数字化转型,期间注意到了两个问题。其一,越来越多的人(包括笔者在内)认为数字化转型是企业乃至社会的整体转型,需要顶层设计,即企业架构设计,但是很多人对企业架构的理解仍然十分有限;其二,企业架构理论本身也存在很多需要改进的地方,对于如何更好地支持行业级大规模软件快速构建这一时代级的需求,目前的理论尚未与之形成呼应。

因此,我们现在正处于一个需要普及和演进企业架构理论的重要时期。笔者希望以微薄之力,推动对企业架构理论的新一轮研究与探讨,为企业架构理论的自主化投薪添柴,让本书所带来的星星之火点燃数字化转型过程中特别需要的一团熊熊烈火——掌控数字化企业的新管理思维。

企业架构是为企业服务的,企业适应了环境才能生存;环境的变化必然会引起企业的变化,企业架构则必须随着企业的变化而变化。在这一过程中，企业架构理论要对企业架构设计起指导作用，因此企业架构理论必须适时地演进。

以往的企业架构理论有哪些需要加强的地方？具体表现在五个方面：

第一，业务架构与数据架构的关系需要融合，这正是"一切业务数据化，一切数据业务化"的最好体现；

第二，业务架构与应用架构的衔接要进一步加强，以便使业务与技术的联系变得清晰且直接；

第三，企业架构的标准化和对开源化的支持要提升，这是适应大规模软件快速构建的必然要求；

第四，企业架构的灵活组合能力需要提升，这是通过架构韧性增强企业管理弹性的要求；

第五，架构的开放式设计需要提升，这是生态发展、连接深化的要求。

笔者致力于通过本书阐述的新方法论解决上述需要改进的问题，这一新方法论是"面向数字生态的构件化企业架构"（Oriented Digital Ecosystem Enterprise Architecture Based on Standard Component，ODEEA-BSC），简称"数字生态构件架构"（Architecture Based on Digital Eco-Component，ABDEC）。之所以称为"数字生态"，是因为未来的企业生态主要是以数字化企业基于数字化技术构建的生态。ABDEC以"构件"为企业的基本组成部分，通过构件关系形成企业架构，通过构件的灵活聚合形成组织、业务领域、业务组件、应用组件、物理组件等要素，使企业架构具有更强的弹性响应能力，支持企业从业务到技术的灵活调整，所以，本架构方法论又称为"聚合架构"(Architecture Based on Aggregated Elements，ABAE)。本书后续将统一使用这一名称指代本书所言的新企业架构方法论。

在数字化转型中，企业架构要适应深度生态连接和大规模快速搭建软件的要求，这需要企业架构的视角必须从企业内部延伸到行业与社会，推动企业顺应国家要求，开放企业的应用、源代码，形成行业级标准化构件，使企业架构实现生态化构建。

生态化构建包括两层含义，一层是采用开源标准化构件搭建企业应用，另一层是通过各种合作方式多方共建企业架构。生态化构建是现有及未来平台型企业、公有云和行业云服务平台所必须考虑的，而一旦这些平台开始考虑之后，所有希望在平台上获取应用的企业同样必须要考虑生态化构建架构的设计方式。

在对众多技术的自主要求中，架构理论的自主能力和企业架构设计的自主能力也是必不可少的。企业架构是解决所有"孤岛问题"的最终路径，无论企业多么犹豫和怀疑，都不能回避通过整体设计来解决这些问题的客观要求。犹豫和怀疑只会拖延时间，无论是对于企业还是个人，都不应推迟自己获得架构设计能力的时间，不应错失机会，因为架构本来就是一种必备的思维方式。

正因如此，本书希望读者"始于思维，止于思维"，集中在方法论思考层面。架构设计的结果是方法论在不同环境下的应用，可以参考、借鉴，但不能拘泥，更不要一开始就受制于某个特定的结果。阅读实例需要一定的"功力"，从思维入手，先适当增加"功力"，再去阅读实例，收获可能会更大。实现"知行合一"，将自己的认知和行为统一。

本书主要内容

本书集合了企业架构框架和企业架构设计方法论的知识。通常,"企业架构框架"指企业架构的设计过程与基于企业架构的实施过程,而"企业架构设计方法论"则专指企业架构的形成方法。本书将"形成方法"融入对"框架"的介绍,因此,如无特殊说明,本书介绍的"聚合架构方法论"就是同时指代这两者的。由于全面阐述以上两者的书较少,本书特意回顾了以往的主流企业架构方法论,以方便读者获取资料并开展更多的研究。

本书共分为五篇,具体内容如下。

第一篇为传统企业架构理论透视,包括第 1、2 章。第 1 章介绍了以往的 8 种主要企业架构框架或者方法论,第 2 章则在第 1 章的基础上综合分析了企业架构方法论的现状和改进方向。

第二篇为聚合架构方法论基础理论,包括第 3 ~ 5 章。第 3 章介绍聚合架构方法论的核心概念,第 4 章重点解释聚合架构方法论中的元模型,第 5 章介绍了常见的流程模型、数据模型建模方法以及一些建模原则与经验。

第三篇为聚合架构方法论设计指南,包括第 6 ~ 11 章,涵盖战略、组织、业务、业务构件、应用架构、技术架构的设计。

第四篇为聚合架构方法论工程管理,包括第 12 ~ 14 章,阐述了项目实施过程中的具体问题、循环开发管理和工程实施难点。

第五篇为聚合架构方法论生态化构建,包括第 15 ~ 17 章。第 15 章介绍标准化的方法，涵盖企业内部的标准化和行业级的标准化两部分；第 16 章介绍生态化的企业架构及其构建，并提出了完整的企业架构能力成熟度评估模型；第 17 章重点阐述业务架构师的培养。

本书读者对象

本书适合多类读者群体。

1）**企业管理者**。本书认为企业架构是新时代的企业管理语言。数字化时代企业最需要解决的就是业技融合问题，而这一问题的解决离不开在管理层中引入企业架构思维。因此，对于管理者而言，本书是管理者学习架构思维、拓展管理思路，并领悟业技融合的新管理思维的"好帮手"。企业管理者可以重点关注本书第一篇、第三篇、第四篇和第五篇。

2）**技术管理者**。技术管理者往往承担着推动企业数字化转型的重任。对技术管理者而言，找到推动业技融合的工具和切入点是其履行使命的关键。建议技术管理者通读本书，以便在企业内部建立和推广业技融合的方法，并推动企业架构的演进，形成符合企业自身特点和需求的架构方法论，指导企业长期的技术发展。

3）**企业架构师及学习者**。这里的企业架构师也包括业务架构师，是各类架构师的统称。企业架构理论的分支不算少，但是鲜有能够综合论述且基于自身实践又能超越自身实践的理论，敢于大胆提出改进思路的书更少。建议企业架构"修行者"耐心阅读本书，并与笔者多讨论、多交流。

4）**开发人员**。笔者接触过的很多开发人员对于软件工程和企业架构的理解都不是很深入，但企业端的软件开发一定是过程与结果并重，而非不计后果只求速度。欠了"债",迟早要还,欠的时候没有考虑企业架构,还的时候却不得不考虑企业架构。因此,建议开发人员通读本书,这样对软件工程和企业架构都能有一个初步的了解。

5)**需求分析人员或产品经理**。随着数字化转型的兴起,企业出于整体转型的考虑,会有越来越多的横向设计要求,以促成业务与业务、产品与产品之间的协同,以及客户体验的统一。因此,建议需求分析人员或产品经理重点关注本书第二篇和第三篇的业务架构部分,以及第五篇的标准化和对生态远景的展望。

6)**业务人员**。承受数字化转型考验压力最大的莫过于业务人员。业务人员不一定要学会很深的技术知识,但是有必要了解技术,这样才能更好地与技术人员协作。还有人建议业务人员要学习使用一定的"技术语言"。笔者认为,业务人员应当学习业务架构,进而形成接近软件设计需要的结构化思维方式,这才是最重要且有明显价值的,可以提升从业务创意到技术实现的转化速度。因此,建议业务人员努力阅读本书第二篇、第三篇和第五篇的标准化与生态远景部分。

7)**架构理论研究者**。本书综述了多种主流架构,并大胆提出了改进设想,对于对架构理论感兴趣的读者而言,本书应当算是比较难得的一本参考书。

资源和支持

笔者公众号"晓谈岩说"载有笔者研究过程中收集和整理的部分资料,以及笔者以往的连载文章,可供读者借鉴。读者若对本书有任何建议或意见,欢迎发送邮件至 yfc@hz.cmpbook.com。

致谢

特别感谢各位读者对笔者的宽容与支持。笔者的作品多有不成熟之处，而之前两本书均能取得过万的销量，全靠大家的信任，你们的信任也是笔者继续写作的动力！

特别感谢机械工业出版社杨福川、郭懿蒙、栾传龙、罗词亮等老师长期以来对笔者的支持！

感谢曾与笔者进行过企业架构方面探讨的各位朋友，感谢你们对笔者的鼓励和指导！

最后，感谢家人对我一如既往的支持。这本书是全家人共同奋斗的成果！

目 录

前言：让企业架构方法论再演进一次

|第一篇| 传统企业架构理论透视

第 1 章 企业架构理论的演进　　2
　　1.1　Zachman 框架　　3
　　1.2　TOGAF　　7
　　1.3　FEAF 与 FEA　　13
　　1.4　DDD　　16
　　1.5　CBM　　21
　　1.6　DoDAF　　26
　　1.7　中台架构　　34
　　1.8　BIAN　　37

第 2 章 企业架构理论的综合比较　　41
　　2.1　比较维度介绍　　42
　　2.2　比较对象选取　　43
　　2.3　比较结果阐述　　44

| 第二篇 | 聚合架构方法论基础理论

第 3 章　聚合架构方法论的核心概念　56
- 3.1　企业架构的使命与要求　57
- 3.2　企业架构的概念与范围　61
- 3.3　企业架构的核心理念　66
- 3.4　业务架构的概念与价值　68
- 3.5　业务架构与 IT 架构的关系　70

第 4 章　聚合架构方法论的元模型　73
- 4.1　什么是元模型　73
- 4.2　聚合架构方法论的元模型　75
- 4.3　元模型详解　77
- 4.4　基于元模型总结的架构治理原则　95
- 4.5　聚合架构方法论元模型特点总结　98

第 5 章　业务架构表达工具：业务模型　101
- 5.1　模型与业务模型　102
- 5.2　常见的流程建模方法　104
- 5.3　常见的数据建模方法　108
- 5.4　本书推荐的建模方法　114
- 5.5　关于建模原则的探讨　116

| 第三篇 | 聚合架构方法论设计指南

第 6 章　战略设计　125
- 6.1　战略管理过时了吗　126

6.2 战略设计的关键要素与思维模式　　127

6.3 完整的战略设计过程　　130

6.4 快捷的战略设计　　141

6.5 不要太迷恋对标分析　　146

6.6 战略管理成熟度分析　　148

第 7 章　组织设计　　149

7.1 组织设计的关键要素　　150

7.2 现实难题：康威定律的影响　　150

7.3 面向未来：柔性制造与柔性组织　　153

7.4 柔性组织设计　　155

7.5 企业面对的"柔性"挑战　　158

7.6 组织管理成熟度分析　　160

7.7 小结　　161

第 8 章　业务设计　　163

8.1 业务设计的关键要素　　164

8.2 高阶业务设计　　164

8.3 业务活动设计　　170

8.4 业务规则设计　　173

8.5 业务对象设计　　175

8.6 业务设计成熟度分析　　178

8.7 小结　　179

第 9 章　业务构件设计　　180

9.1 构件设计的缘起与发展　　181

9.2 构件设计的主要困难　　183

9.3	构件设计的关键要素	185
9.4	业务数据设计	186
9.5	业务任务设计	191
9.6	业务构件设计	196
9.7	业务组件设计	200
9.8	业务构件成熟度分析	201
9.9	小结	201

第 10 章　应用架构设计　206

10.1	应用架构设计的关键要素	207
10.2	逻辑数据设计	207
10.3	逻辑功能设计	209
10.4	应用构件设计	210
10.5	应用编排设计	210
10.6	应用组件设计	211
10.7	应用架构设计成熟度分析	214
10.8	小结	215

第 11 章　技术架构设计　216

11.1	技术架构设计的关键要素	217
11.2	物理构件设计	217
11.3	技术平台设计	218
11.4	技术架构设计成熟度分析	221
11.5	IT 架构设计小结	222
11.6	企业架构设计回顾	224

|第四篇| 聚合架构方法论工程管理

第 12 章 项目实施   232

- 12.1 成本管理、实施计划与项目管理   233
- 12.2 需求分析及其与业务架构的关系   239
- 12.3 概要设计及其与企业架构的关系   240
- 12.4 处理企业架构调整的原则   241
- 12.5 开发、测试与验收环节   245
- 12.6 实施过程中也要注意组织问题   245
- 12.7 首次企业架构实施能够采用敏捷过程吗   247
- 12.8 小结   249

第 13 章 循环开发管理   250

- 13.1 循环开发管理的发动机   251
- 13.2 循环开发管理的过程   252
- 13.3 循环开发与"飞地"   255
- 13.4 循环开发与架构管理工具   257
- 13.5 循环开发与敏捷过程   259
- 13.6 工程管理成熟度分析   265
- 13.7 小结   266

第 14 章 企业级工程实施难点   267

- 14.1 捷径难寻   267
- 14.2 文化难建   268
- 14.3 预期难控   269
- 14.4 权责难定   270

14.5 长志难立 272

| 第五篇 | 聚合架构方法论生态化构建

第 15 章 企业架构的标准化 277
  15.1 企业架构设计过程中的标准化 277
  15.2 行业级架构标准化 282

第 16 章 企业架构的生态化 293
  16.1 面向生态的架构设计 293
  16.2 生态化的构建过程 299
  16.3 生态架构能力成熟度分析 300
  16.4 完整的企业架构能力成熟度评估模型 301
  16.5 聚合架构方法论总体回顾 302

第 17 章 关于业务架构师的培养 305
  17.1 个人经历 306
  17.2 培养建议 307
  17.3 参考书目 310

结束语 用企业架构下好数字化转型这盘大棋 312

附录 企业架构能力成熟度各维度评级说明 318

| 第一篇 |

传统企业架构理论透视

企业架构理论诞生于 30 多年前。公认的第一个企业架构理论 Zachman 框架诞生于 1987 年,出自时任 IBM 雇员的 John Zachman。时至今日,企业架构理论家族虽谈不上"人丁兴旺",但也绝非"门庭冷落",不少优秀的企业、专家乃至一些国家政府机构在此领域持续深耕,不断创新。

企业架构原本只是用于指导构建企业信息系统,但是近年来随着越来越多的企业开始探索数字化转型,企业架构的价值也得到了越来越多的企业和个人的认可。因此,笔者建议所有从事软件开发,尤其是从事企业端软件开发的人员,以及所有指导、参与企业数字化转型实践的人员,都来了解一下企业架构,通过学习企业架构理论和方法,获得一个新的工作视角。

不用担心,这一领域的历史并不长,花费不了太多的时间,但了解企业架构所带来的收获肯定远远大于付出。

| 第1章 |

企业架构理论的演进

二十世纪五六十年代,人类历史上第一次出现了软件危机。在"先写了再说"这一粗犷的早期开发理念的指引下,软件在交付周期、开发成本、软件质量、需求管理等方面全面失控。于是,软件行业开始反思,并借鉴了制造业和建筑业中的管理方法,逐步形成了软件工程理念,提倡以工程的方式管理软件开发过程,也诞生了第一个基于案例观察形成的工程方法论——瀑布模型。瀑布模型自诞生起就褒贬不一,但是,批评不能抹杀其开创性地位。

但是前辈们在实践中发现,仅有过程管理是不够的,作为过程中非常重要的环节,软件设计也需要提高。于是,企业架构理论诞生了,它真正让软件设计者认识到企业端软件开发绝不仅是实现功能。

由于企业架构理论的视角相对较宽，理论研发周期相对较长，因此在近 30 多年的理论演进过程中，并未出现很多具有代表性的理论。但这并不奇怪，因为要证明一个架构理论在其提出者所在的环境中适用，还要保证在其他企业甚至跨行业的企业中也能适用，是一个很困难且需要时间不断去验证的过程。

在本书的第 1 章，笔者基于个人有限的理解，与读者共同回顾一下企业架构理论发展过程中较有代表性的几个理论，通过"温故"为本书后续的"知新"做个铺垫。

1.1 Zachman 框架

Zachman 框架是企业架构理论的鼻祖。这么说显得有些老气横秋，实际上这个框架才 30 多岁，按人的年龄来看还不算老。但计算机行业发展太快，而且大家对电子行业一向"喜新不恋旧"，因此，Zachman 框架对很多软件设计人员而言像是只闻其名、未见其面的"上古神器"。

Zachman 框架由 John Zachman 于 1987 年首次提出。之后在 1992 年，Zachman 又与 Sowa 合作发表了论述更完善的第二篇续作，常见的 Zachman 框架示意图就诞生于此，如图 1-1 所示。

Zachman 框架发表的时候，软件行业自由发展了近 40 年，以"瀑布模型"为代表的工程理论也提出了近 20 年。这数十年间，软件越来越复杂，其中既有业务发展的原因，也有计算机行业"自作自受"的原因。1964 年，IBM System360 系列的成功使得企业有能力进行更大

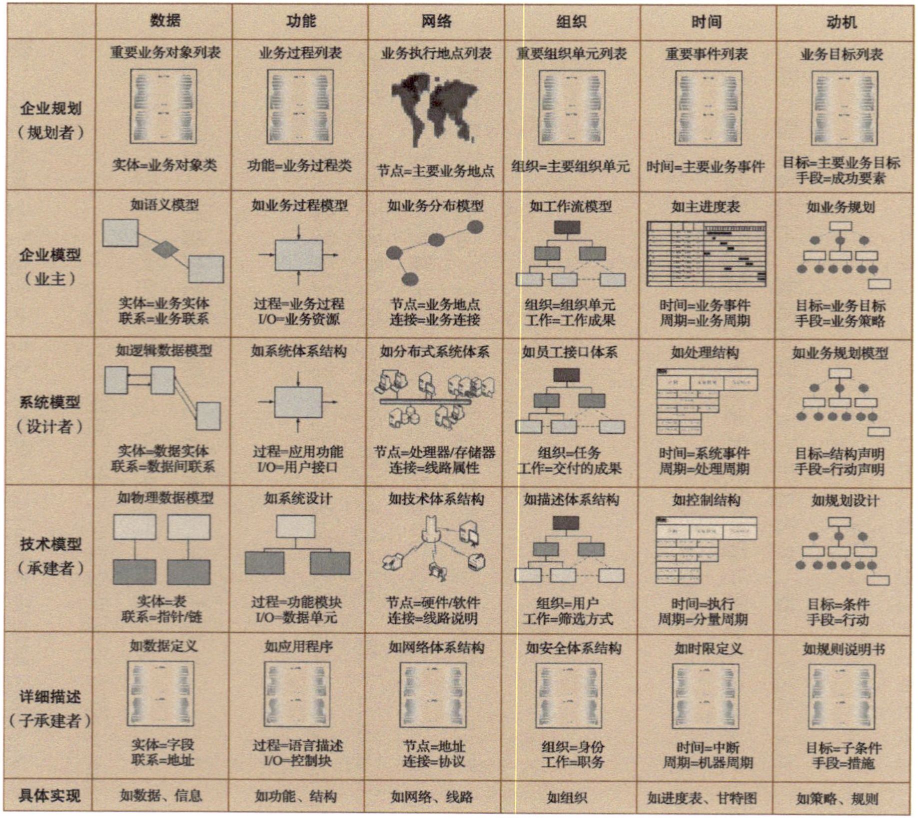

第一篇 传统企业架构理论透视

	数据	功能	网络	组织	时间	动机
企业规划（规划者）	重要业务对象列表 实体=业务对象类	业务执行程序列表 功能=业务过程类	业务执行地点列表 节点=主要业务地点	重要组织单元列表 重要组织单元=主要组织单元	重要事件列表 时间=主要业务事件	业务目标列表 业务=主要业务要素
企业模型（业主）	语义定义模型 实体=业务实体 联系=业务关系	业务过程模型 功能=业务过程 I/O=业务资源	业务分布模型 节点=业务地点 连接=业务连接	工作流模型 组织=组织单元 工作=工作流	进度表 时间=业务事件 周期=业务周期	业务规划 目标=业务目标 手段=业务策略
系统模型（设计者）	逻辑数据模型 实体=数据实体 联系=数据间联系	业务体系结构 过程=应用功能 I/O=用户接口	分布式系统体系结构 节点=系统地点 连接=业务连接	人员工作接口体系 组织=组织单元 工作=工作成果	系统进度 时间=系统事件 周期=处理周期	业务规划设计 目标=结构说明 手段=行动周期
技术模型（承建者）	物理型数据模型 实体=一整段实体 联系=数据间联系	系统设计 过程=应用功能 I/O=用户/屏幕	分布式处理器存储器体系结构 节点=硬件/软件 连接=线路说明	组织体系结构 组织=任务 工作=交付物/成果	控制结构 时间=系统执行 周期=分量周期	业务规划说明书 目标=结构条件 手段=行动
详细描述（子承建者）	数据定义 实体=字段 联系=地址	应用程序 过程=语言描述 I/O=控制模块	网络体系结构 节点=地址 连接=协议	安全体系结构 组织=用户 工作=筛选方式	时间限定义 时间=中断 周期=分量/机器周期	目标子条件 目标=子条件 手段=指南
具体实现	如数据、信息	如功能、结构	如网络、线路	如组织	如进度表、甘特图	如策略、规则

图 1-1　Zachman 框架示意图

范围的信息化改造，因此企业端软件开发大胆地走上了深入"业务迷宫"的"不归路"。

这条"不归路"既不平坦也不清晰，充满了对定制化的追求和对业务本质的误解，这些追求和误解往往同时来自于业务和技术两个方面，混杂着各种似是而非的观点，堪称"灾难"。面对这种情况，当时就职于 IBM 的 Zachman 写了一篇名为《信息系统架构框架》的论文，表达了对连什么是"架构"都给不出一致答案的现状的感慨，并试图阐述"架构"应该包含什么。

这篇文章对企业架构理论而言意义重大，被视为开山之作，尽管 Zachman 在文章中并没有明确提出"企业架构"这个概念，但是，他创造性、包容性地提出了企业架构应当是一系列架构的总和这个观点，强调了对复杂系统的认知是多角度、分层次的，不同的角度、项目的不同时间阶段对应的架构视图和架构描述都应是不同的，而架构框架就是要建立不同架构描述之间的关系。不同视角的架构可以有差异，其实也就相当于认为没有一个单一的架构描述可以包含架构的所有信息，由此，他批判了一个至今依然存在的现象——我们总是试图在一个混乱的视角下描述架构的所有内容。事实上，并不存在一个单独的架构（single architecture），只存在一整套架构（a set of architecture）。

Zachman 将需求方、架构师、实施团队等角色类比成建筑行业中的业主、建筑师、承包商等。尽管大家都围着房子转，但业主、建筑师、承包商对房屋的认知是不同的，对各自心目中的方案的预期及其详细程度的要求也不同。同一座房屋，业主看到的是房屋的外观，建筑师看到的是结构和成本，承包商看到的是每一部分详细的施工方案，承包商下还可以有更细节的专业材料商，而材料商关注的则可能只是地板。

不同视角的观点构成了对同一对象不同角度和不同详细程度的综合性描述。尽管根据每一层级视角的细化，在理想情况下可以反推出上一级的模型，但是框架并不能严格保证这种反推的一致性，因为各层级的关注点是不同的。如果没接触过 Zachman 框架，那么上述观点看起来是有些反直觉的。在 1992 年的文章中，Zachman 将层次最终定义为 Planner、Owner、Designer、Builder、Contractor 五层。

除了角色的视角之外，还需要在每种视角中建立不同的观察维度，以满足描述软件设计最基本的要求。Zachman 使用"5W1H"方法构建分析维度。在 1987 年的文章中，他介绍了 What（数据）、How（流程）、Where（网络），相当于信息、功能、部署；在 1992 年的文章中，他又进一步完善了对 Who（人）、When（时间或者事件）、Why（价值）的探究。

从当时已有的设计观念来看，在这六个维度中，What、How、Where 是比较容易清晰描述的，在实际操作中也经常采用；对 Who、When 的描述并没有很明确的要求，但从现在的视角来看，对这两个因素的描述已经很普遍和规范了；唯独对于 Why 这个因素，由于其中存在相当程度的主观因素，因此一直很难量化。战略可以被视为 Why 的最高级别的表述，但是任何一个战略都很难在提出时被准确评价，并且战略的风险往往影响又最大。Zachman 框架聚焦于信息系统架构，因此两篇文章都没有在战略规划上用太多笔墨，1987 年的文章中还特意和战略规划划清了界限。

框架最大的价值在于让软件设计人员明白，没有必要为架构视角的不同而争执，而是要把这些视角统一到一个框架中，以构成对同一个对象的完整描述。1992年的Zachman框架中包含了30个架构单元（5个层次×6个维度），每个单元既是独立的，也是相互关联的，每个单元都需要单独的架构描述和架构决策，而框架的意义就在于揭示架构决策的影响，让设计人员基于更完整的视角去做架构决策的判断。

但是，为了真正实现这一目标，框架给了我们一个延续至今的任务：为每个单元分配适当的设计形式，也就是找到对于每个单元而言合理的架构构建和描述方法。一些单元已经有了很好的表示方法，一些至今仍在寻找。框架也隐含了这样一个观点：企业端软件设计要关注的是企业而不只是软件，要从多个视角去完整地关注企业，不能一接到项目就直接开发。

尽管Zachman框架的想法很好，但是它主要还是以理论为主，缺少详细的实现过程。在实操中，构建这样一个框架绝非易事，Zachman自己也在文中多次提到因信息不足而无法进行框架描述。但是，难做不等于做不成，更不等于不该做，越是复杂的工程越是需要清晰的思路，我们还要做更多的研究。

无论存在何种缺陷，就像瀑布模型一样，Zachman框架的开创性价值毋庸置疑，而其描述的框架开发思想也很适合当时最为常见的瀑布模型。它为架构理论的发展做出了巨大贡献。

1.2 TOGAF

接下来介绍"开放组架构框架"（The Open Group Architecture

Framework，TOGAF）。一直以来，人们对架构理论的研究比较严谨，很注重用词。早期的架构理论，无论是 Zachman 还是 TOGAF，都被称为"框架"，而非"架构"。Zachman 框架为理解架构提供了一个很好的视角，但是没有给出具体的构建过程。在 Zachman 框架的启发下，TOGAF 尝试去解决这个问题。

与以往的"单打独斗"不同，TOGAF 发展成了一个横跨多个行业的论坛型组织，目前已拥有 850 多个成员机构，为 TOGAF 的通用性奠定了基础。

TOGAF 的前身是美国国防部的"信息管理技术架构框架"（Technical Architecture Framework of Information Management，TAFIM）。1993 年，Open Group 接受委托设计企业架构理论，期间还接受了美国国防部的指导，因此吸收了 TAFIM 的经验。经过 Open Group 近两年的努力，TOGAF 1.0 于 1995 年诞生。由于当时正处于企业架构理论的兴盛期，TOGAF 一直以每年一版的频率持续更新，到 2002 年更新到了 8.0 版，正式扩展为完整的企业架构，并且开始对外提供架构认证培训服务。之后，TOGAF 的更新速度放慢，2009 年发布了 9.0 版，2012 年发布了 9.1 版，而最新的 9.2 版到 2018 年才发布。TOGAF 认证目前也是企业架构领域比较权威的认证。

1. TOGAF 更完整

与 Zachman 框架相比，TOGAF 给出了对架构过程的完整指导。TOGAF 构建过程包括八个阶段，依次为架构愿景、业务架构、信息系统架构（应用架构和数据架构）、技术架构、机会及解决方案、迁移规划、实施治理、架构变更管理，涵盖了远景描绘、架构构建、架构实施、架构治理等方面。在俗称"麦田怪圈"的架构构建过程中，需求管理处于中心位置，说明架构构建各个阶段都是需求驱动的，也说明了需求的变化对构建过程有着深远的影响。"麦田怪圈"如图1-2所示。

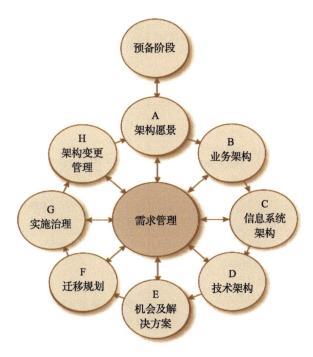

图1-2 麦田怪圈：架构开发方法（ADM）

"麦田怪圈"只是TOGAF六大构件中的一个，此外还包括架构内容框架（详细的架构工作产品模型）、参考模型、ADM指引与技术、企业连续统一体（类似具有演进特征的架构资产库）、架构能力框架（运转企业架构必需的技术、组织、角色等，类似管理体系），可以说是应有尽有了。TOGAF 9.0的交付物如表1-1所示。

表1-1 TOGAF 9.0交付物：目录、矩阵、图

预备阶段 原则目录	阶段B.业务架构 组织/施动者目录 驱动力/目标/目的目录 角色目录 业务服务/功能目录 位置目录 流程/事件/控制/产品目录 契约/测度目录 业务互动矩阵 施动者/角色矩阵 业务轨迹图 业务服务/信息图 功能的分解图 产品生命周期图 目标/目的/服务图 用例图 组织分解图 流程图 事件图	
阶段A.架构愿景 利益关系者映射矩阵 价值链图 解决方案概念图		阶段C.数据架构 数据实体/数据构件目录 数据实体/业务功能矩阵 系统/数据矩阵 类图 数据发布图 数据安全图 类阶层图 数据迁移图 数据生命周期图
		阶段D.应用架构 应用组合目录 接口目录 系统/组织矩阵 角色/系统矩阵 系统/功能矩阵 应用互动矩阵 应用通信图 应用和用户位置图 系统用例图 企业可管理性图 流程/系统实现图 软件工程图 应用工程图 应用迁移图 软件分布图
	阶段E.技术架构 技术标准目录 技术组合目录 系统/技术矩阵 环境和位置图 平台分解图 处理图 网络计算/硬件图 通信工程图	阶段F.机会及解决方案 项目背景图 效益图
		需求管理 需求目录

2. TOGAF具有适配性

TOGAF的构建过程本身就是瀑布式的，因此与瀑布模型更加适配。在2002年之前，TOGAF更新比较频繁，大部分工程都是按照瀑布

模式执行的，尤其是对于认可企业架构理念的大型企业而言，TOGAF理念很适合构建企业架构和指导企业工程，也正因如此，TOGAF声称自己曾占有企业架构领域半壁江山。咨询机构将TOGAF如此清晰的流程吸收，并将其转化为咨询产品进行输出。TOGAF清晰的体系也提高了过程的可控性和对交付物的管理能力，但由于其交付物比较多、体量庞大、不易维护，TOGAF后来也遭人诟病。此外，即使到了9.2版本，TOGAF依然只是在探讨与SOA的结合，并没有考虑更新的架构风格和工程方法。

3. TOGAF对企业和业务架构的定义

TOGAF应该是第一个明确提出业务架构概念的架构框架。在TOGAF 9.2版中提到，业务架构定义了企业战略、治理、组织和关键业务流程。

为了理解TOGAF对业务架构的定义为何如此模糊，需要先理解它对企业和企业架构的定义。TOGAF将"企业"定义为"有一系列共同目标的组织集合体"，也就是说，企业还可以是政府、团体和某组织中的部门等，相当宽泛。"企业架构"的定义也类似，既可以是完整的企业架构，也可以是领域层面的架构，它强调的是多个系统或者功能之间的交叉。

TOGAF采用了模糊的定义方式，定义的边界并不清晰。对于Zachman提出的架构缺乏统一概念和认知的问题，TOGAF给出了一个"灵活"的答案。

除了业务架构外，TOGAF还重点提出了另外三个架构：应用架构、信息（数据）架构、技术架构。这三个架构一般合称"IT架构"，其中应用架构与信息架构又合称为"信息系统架构"。业务架构与应用架构、信息架构、技术架构共同组成了人们常说的"4A架构"。

4. TOGAF 的重要意义

企业架构是需要业务人员和技术人员共同建设的。无论是在TOGAF诞生的年代还是在今天，传统企业中的技术人员都不是很多。如果没有一个清晰的流程指导企业开展企业架构建设，那么业务人员是很难融入架构开发过程中的。所以，流程对业务人员和技术人员而言都是很重要的。与此同时，正是由于TOGAF在流程方面的特点，要看一个企业是否采用了TOGAF理论指导企业架构开发，不是看最终的交付物，而是看过程。传统企业在比较不同的企业架构理论时，不能只看一些对新锐工程方法的表面宣传，而是必须深入理解工程和架构的基本原理，这样才能找到最合适的工程逻辑。

不得不说，TOGAF是一个让人"爱恨交加"的框架，它的诞生使大家更加意识到，企业架构注定是一项庞大的工程，无论是架构开发还是架构维护，都很有挑战性。Zachman在论文中强调过架构工具的重要性，没有工具支持，繁重的架构管理工作会成为企业采用架构框架的"绊脚石"。然而，与TOGAF配套的工具似乎不太容易被业务人员接受，只能让技术人员尝试。但是，这些缺陷并不会影响人们对TOGAF的评价，它依旧是企业架构成为可设计架构的关键性理论。

对企业架构的需求一直是真实存在的，架构管理能力优秀的企业无论其采取的是何种方法，都是企业架构价值的证明。企业架构的价值并不依赖于特定的方法论而存在，这也要求我们在实践的基础上不断吸收各类方法论的合理之处，持续加强对方法论的研究，以便让企业架构更好地指导我们的工程实践。

1.3 FEAF 与 FEA

1999 年 9 月，美国联邦首席信息官委员会发布了联邦企业架构框架（Federal Enterprise Architecture Framework，FEAF），主要目的是帮助联邦政府机构建立一个企业架构的公共结构和实施指南，加强联邦机构之间在公共业务流程、技术引入、信息流和系统投资方面的协调能力。片段服务（Segment Service）是该架构框架的一大特色。

2002 年 2 月，美国政府管理和预算办公室建立了联邦企业架构项目管理办公室（Federal Enterprise Architecture-Project Management Office，FEA-PMO）来开发联邦企业架构（Federal Enterprise Architecture，FEA），提出了五层参考模型的概念，通过架构分析来发现联邦机构项目和跨机构项目中的重复投资，并提升联邦政府范围内的系统间协作。

综上所述，FEAF 是一个架构框架理论，而 FEA 则是一个针对联邦政府的架构实例。

FEA 采用"服务"的概念，按照业务线对企业部门的各种服务能力进行识别和归类，再按照应用范围将这些服务区分为企业服务（Enterprise Service）和片段服务两大类。FEA 对服务的分类包括健康服务、教育服务、自然资源服务以及国土安全服务等，这样，联邦政府各个业务线的"服务"就可以统一识别,从业务、数据、应用和技术这几个方面为各部门建立统一的描述方法,进而找到重复的"服务"来推动能力的复用。

片段服务的设计方式是根据业务线将庞大的联邦政府划分成多个片段,分别为它们设计各自的企业架构,并进行增量迭代。FEAF 的架构设计理念如图 1-3 所示。

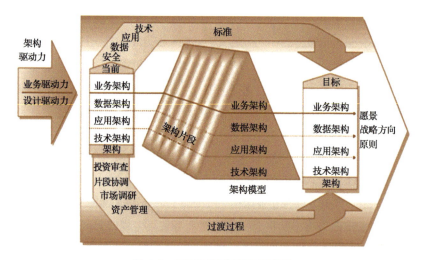

图 1-3 FEAF 架构理念示意图

由于设计过程中对架构片段采用相同的描述结构,因此可以识别公用能力。企业架构、片段架构与解决方案架构的关系和比较如图 1-4 所示。

在 FEAF 的基础上,FEA 提出了五层参考模型,并将其作为架构设计过程的指导,如图 1-5 所示。

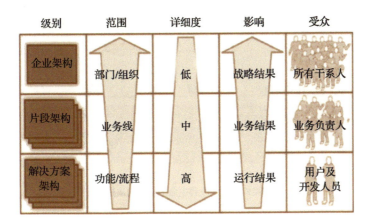

图 1-4　企业架构、片段架构与解决方案架构关系图

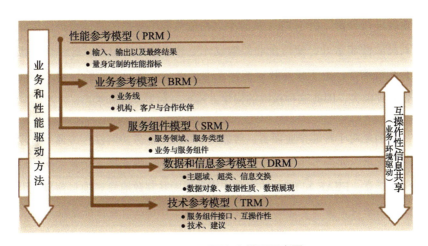

图 1-5　FEA 五层参考模型示意图

从五层参考模型中可以看出，性能参考模型相当于战略级设计，业务参考模型则是具体的业务过程分析，服务组件模型是功能结构，近似于应用架构，数据和信息参考模型类似数据架构，技术参考模型则属于技术架构。实际上，FEA 架构的视角与 TOGAF 也是相同的。

从 FEA 的视角来看，企业架构也是一个循环开发过程，如图 1-6 所示。

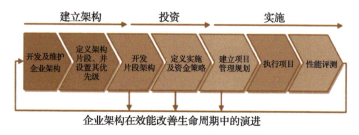

图 1-6　企业架构循环开发示意图

由于没有深入了解过 FEAF 和 FEA 的案例，笔者仅能从方法论的角度进行分析。由于 FEA 从诞生之初就放弃了复杂的总体设计，因此其灵活性非常好，使得企业架构设计更易于推广。但是，这种做法也有其特殊性，由于联邦政府的体系太过庞杂，部门之间的日常工作内容差异极大，因此这种松散的构建方式更有利于实现和推广。

但是对于普通企业而言，对数据一致性、业务协同性等方面会有较高的要求，如果不能形成较强的整体性，可能会偏离搭建企业架构的目标。毕竟，FEAF 和 FEA 的主要作用是帮助联邦政府管理项目预算，因此严格来说，普通企业的企业级系统并不能算是其首要目标受众。

1.4　DDD

领域驱动设计（Domain Driven Design，DDD）是 Eric Evans 于 2003 年提出的一种设计方式，其特点是实现了在需求分析、软件设计方面的一体化，形成领域模型就可以指导"类"设计的软件架构模型，几乎仅通过一个过程就直接完成了业务架构和应用架构的设计。

DDD 最经典的概念图如图 1-7、图 1-8 所示。

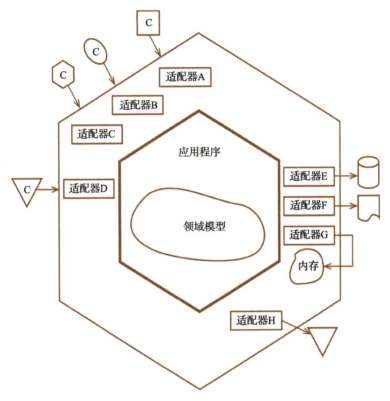

图 1-7　六边形架构示意图

顾名思义，DDD 侧重于从"领域"出发考虑问题，而且这个"领域"也不同于传统企业架构理论中范围较大的"领域"概念，其限界上下文涵盖的范围可能非常小，因此可能有多个"领域"都存在同名不同义的实体。这个特点在图 1-8 中表现得非常明显。

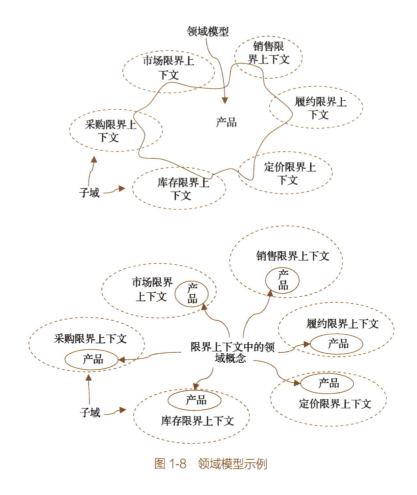

图 1-8 领域模型示例

DDD 领域的另一位大师 Vaughn Vernon 在《领域驱动设计精粹》一书中介绍了"保单"的例子。这个例子在承保、审核、理赔三个限界上下文中分别定义了"保单"实体,每个实体都有重复的部分和差异的部分。这么做是因为他认为整合"保单"概念会创造一个过于臃肿的"超负荷"的实体。这样的实体也许大家在设计过程中也曾经遇到过,一个数据实体包含了过多的属性,导致数据设计不能很好地分离"关注点"。

此外，从与工程方法结合的角度看，Eric Evans 曾提出 DDD 方法主要面向敏捷过程，二者在方法层面有相似之处，都强调快速由需求进入开发过程，也都注重对模式的运用。但实际上让 DDD 大放光彩的是微服务，因为微服务在落地实践中非常需要一个能够有效指导服务划分的方法论。

Chris Richardson 在《微服务架构设计模式》一书中专门介绍了 DDD 在微服务设计中的应用方式，还给出了一个通过 DDD 处理服务设计问题的例子——对"上帝类"的拆分。"上帝类"作为全局类，可以被多个不同领域的应用调用，因而也就设计了包含不同领域的状态和行为的复杂结构，比如书中提到的"订单"。下单、送餐、付款等多个领域都会触发订单状态的转换，如果将丰富的行为打包成一个中央订单数据库，会导致微服务设计出现紧耦合，微服务之间不够独立；如果只保留一个纯数据服务的订单服务，又会成为"贫血模型"。这个问题的解决方案就是采用 DDD 的设计理念，在不同领域定义同名不同义的订单并形成不同的服务。

Vaughn Vernon 和 Chris Richardson 所举的这两个例子其实体现了 DDD 不同于传统企业架构理论的处理方式。传统企业架构理论希望实现企业级的数据模型定义，即在企业范围内尽可能消除同名不同义的数据实体，所以保单和订单在传统企业架构理论中通常会被处理为一个而非多个实体。那么在解决数据模型中有些实体过于庞大的问题时，传统数据模型还是要依靠对业务对象的识别以及对数据实体业务含义的明确，因为采用 DDD 方式完全按照领域的拆分本身也存在弊端，企业级数据查询与应用十分困难，这时需要通过全局统一编号等方式来追踪本质上是同一个业务对象的不同实体在不同领域间的状态变化过程。

对于保单的例子，由于没有更多的信息，因此笔者无法进行详细的比较，但是在传统企业架构理论的数据建模中，子类的概念也能满足需要；对于订单的例子，在传统企业架构理论中，很可能不会将其设计成一个庞大的订单实体，而是会将其拆分成客户、地址、付款单等多个数据实体。

但是在订单例子中，传统企业架构理论确实有可能会朝着设计一个中央订单数据库的方向前进，因为很可能将订单定义为一个订单业务能力组件，供各类业务应用调用，这是企业级业务能力复用的一种体现。至于紧耦合的问题，也许并不是订单服务变动会引起其他服务变动，而是在其他服务需要修改订单模式时，会引起订单服务变动。因此，紧耦合的问题我们要辩证地看，即在集中设计订单业务能力组件获得的好处和引起的耦合之间进行取舍。

总体而言，DDD 更像是一个业务架构设计方法，而非企业架构设计。并且，Vaughn Vernon 也认为企业级的架构是无法从顶层直接设计的，只能在领域建模完成后逐个进行尝试性融合。Eric Evans 也在其书的结尾对总体规划方法表达了一种委婉的不信任。但是，DDD 方法毕竟涉及业务架构设计，并且目前互联网企业也有吸收其理念进行业务架构设计的成功案例，因此了解 DDD 方法的优点并加以运用，对提升传统企业架构理论的设计效率，尤其是在更好地对接应用架构设计方面，还是很有价值的。

此外，也有一些实践者尝试通过在现有 DDD 方法的基础上补充企业层面分析，或者将 DDD 分析与企业架构分析进行关系映射，补充 DDD 的企业级分析能力，提升 DDD 方法的应用范围。这些尝试对于 DDD 而言是一种提升，笔者也期待有更多的改进能够出现。

1.5 CBM

CBM（Component Business Model）是 IBM 公司在 2004 年提出的架构开发理念。与其他架构方法论相比，CBM 最大的特点是偏重于规划，从业务角度推导企业整体 IT 规划，因此笔者更愿意将其称为诊断工具。

CBM 的方法论中提出了专业化企业（Specialized Enterprise）的概念，认为这是企业演进的方向。企业的专业化包括内部和外部两个维度：内部专业化是指从业务单元优化和流程优化升级到企业优化，要从面向客户的视角考虑整合企业的资源与服务；外部专业化是指将企业能力充分模块化，集中处理核心业务并构建生态，由外部生态合作方提供服务，最终通过网络整合在一起。考虑到这些理念是在 2005 年前后提出的，因此还是有一定前瞻性的，与我们现在常说的"以客户为中心""平台化""面向生态的深度集成"非常接近。CBM 的理念如图 1-9 所示。

对于企业如何实现专业化，IBM 给出的解决办法就是 CBM 方法论，将企业组件化。CBM 给出了一个勾画企业能力地图的方法，结合价值链和管理层次，构建了一个二维矩阵，如图 1-10 所示。

管理、设计、购买、制作和销售在 CBM 中被定义为业务能力，其实更像是一维的企业价值链环节，也可以理解为业务领域，只要注意

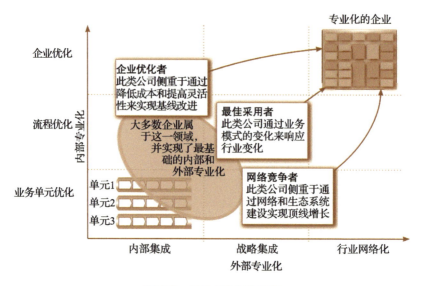

图 1-9 CBM 理念示意图

不要发生定位重叠即可。在实操中,企业可以自行决定这个价值链中包含的环节。

引导、控制、执行则是相对固定的三个责任级别,也可以理解为管理层次,比如不同管理层次(管理层、中层、执行层)在同一业务能力列上的业务需求是不一样的,他们对战略管理的需求、对业务绩效的关注、对业务功能的关心都有所区别,所以就形成了不同的业务组件。这些业务组件又可以有内外部之分,这样可以更好地让专业的人做专业的事。

业务组件是通过适当的资产(如人员和技术)支持类似活动的单个业务模块。业务组件包含 5 个方面的内容:业务用途、活动、资源、治理、业务服务。详细定义如图 1-11 所示。

第 1 章 企业架构理论的演进 23

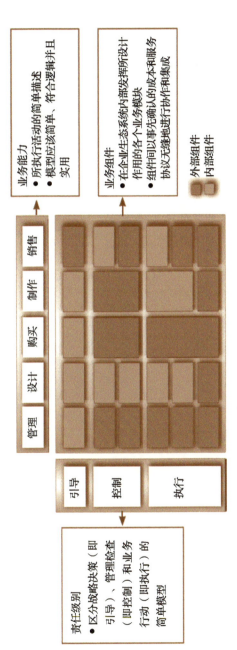

图 1-10 业务组件概念图

业务能力
- 所执行活动的简单描述
- 模型应该简单、符合逻辑并且实用

业务组件
- 在企业生态系统内部发挥所设计作用的各个业务模块
- 组件间可以事先确认的成本和服务协议无缝地进行协作和集成

■ 外部组件
■ 内部组件

责任级别
- 区分战略决策（即引导）、管理检查（即控制）和业务行动（即执行）的简单模型

图 1-11 业务组件定义示意图

业务组件的实际推导过程其实更像是一个业务建模过程，这一点可以从金蝶软件公司曾经绘制过的 CBM 元模型图中领略到，如图 1-12 所示。

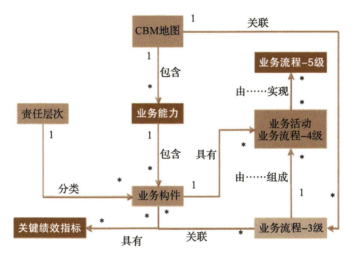

图 1-12　CBM 元模型图

从图中可以看到，业务组件的关键内容就是包含 3 级、4 级、5 级三个层次的流程模型，通常 3 级是活动级，4 级是任务级，5 级是步骤级，即业务操作的最细粒度。如果没有进行详细的业务建模分析，则业务组件的定义就要依靠一定的行业经验了。

对于具体的构建过程，IBM 将其分为洞察、架构、投资 3 个阶段以及 10 个交付环节的操作方法，10 个交付环节又进一步被划分为 24 个包含必选和可选的步骤，感兴趣的读者可以自行查阅相关资料。

通过 CBM 开发过程，企业可以结构化地划分业务组件，并以此为基础推导"能力缺口",排定实施优先级,确定自建或者采购的策略,形成以企业战略为指导的 IT 转型路线图。所以笔者认为 CBM 颇有"听诊器"的特点。IBM 给出了一些成功应用 CBM 方法的企业案例,包括美国的大型保险公司安泰保险。

从笔者的视角来看,CBM 显然是业务架构驱动的方法论,与此同时,它也是一个不太完整的企业架构方法论。首先,它不包含对数据的分析,基本上是以业务流程为主;其次,它缺少与 IT 架构的直接联系,后来该方法论指向了 SOA 架构,才做出了一定的补充。

IBM 自己也将 CBM 当做一个与 IBM 其他架构产品结合使用的"逻辑连接",可以通过其他架构产品来补足 CBM 缺失的能力。

1.6　DoDAF

接下来我们介绍美国国防部架构框架(Department of Defensive Architecture Framework,DoDAF)。美国国防部热衷于研究企业架构和软件工程,而且起步很早,大约在 20 世纪 70 年代就开始了 C4ISR(Command、Control、Communication、Computer、Intelligence、Surveillance、Reconnaissance)计划。1986 年,美国国防部开始了信息管理技术架构框架(Technical Architecture Framework of Information Management,TAFIM)的研究,并在 1991 年发布 1.0 版本。TAFIM 后来发展出两个分支,一个是大名鼎鼎的 TOGAF,另一个是 C4ISR AF(1996 年发布 1.0 版本,1997 年发布 2.0 版本),也就是 DoDAF 的前身。

DoDAF 1.0 发布于 2003 年，这时企业架构理论已经进入成熟期，DoDAF 不仅吸收了 Zachman 框架和 TOGAF 的长处，继承了美国国防部自己的长期积累，也对接了来自联邦政府的 FEA，理念成熟、视角独特、体系灵活。DoDAF 在 2007 年发布了 1.5 版本，2009 年发布了 2.0 版本，2.0 版本在 1.5 版本的基础上改动很大，框架更加清晰了。

DoDAF 是一个很独特的架构框架，它将架构分为企业架构和解决方案架构两层。为符合现有翻译资料的习惯，笔者沿用"体系结构"一词代替其他框架中提到的"架构"一词。

DoDAF 认为企业体系结构是一种基础的战略信息资产，规定了使命和执行使命所需的信息和技术，以及为适应使命变化而需要采用新技术的转型过程，包括基线体系结构、目标体系结构、分步实施的规划。企业体系结构资产应该像其他企业资产一样被管理，并通过管理成为企业用于正规决策程序的一个关键部分。只有创建的体系结构描述能够反映现实（如基线）或计划的变化、成长（如期望的目标）时，才能达到上述的接受程度。解决方案体系结构负责描述一个解决问题方案所有要素的关系，可用于更新或扩展一种或一种以上的其他体系结构。

DoDAF 的定义很抽象，在实操上可以认为，DoDAF 的体系结构开发过程的核心实际上是收集并确认具体设计对象领域需要的所有信息、要素，明确信息、要素之间的关系，以此指导系统开发，相当于建立系统的元模型。DoDAF 将数据分成若干数据组，数据分组之间的高阶关系如图 1-13 所示。

在这个高阶元模型之下，还包括具体数据分组内部的元模型，比如活动的元模型，如图 1-14 所示。

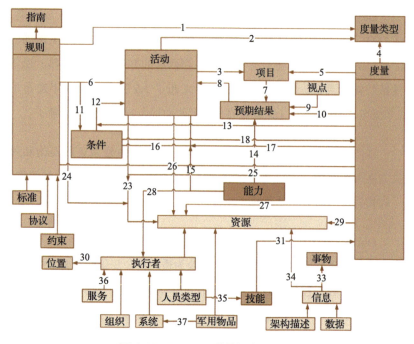

图 1-13 DoDAF 数信视点元模型

数据的提炼是 DoDAF 体系结构开发的核心,但仅靠数据描述当然不足以构成对具体工作的指导,所以,完整的 DoDAF 体系结构开发是一个以数据为核心,应用多种视点(具体的模型、图表是视图,将描述流程、系统、服务、标准的多个视图进行有机组合称为视点)进行综合描述的架构设计过程,这一点继承了 Zachman 框架的思想。

DoDAF 与 TOGAF 的不同之处在于,TOGAF 提出了 4 种架构分类,但是在 DoDAF 中没有这些概念,因为 DoDAF 不提供对系统设计的全面建议,只是提供了对数据概念和要素关系的约束,以保证企业级的概念一致性,为跨系统的互操作提供基础。

第 1 章 企业架构理论的演进

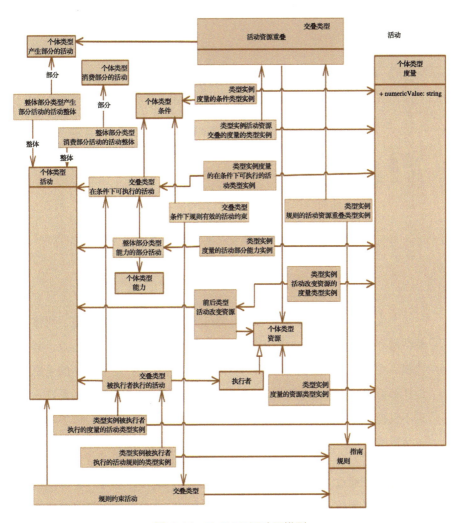

图 1-14 DoDAF 活动元模型

DoDAF 确定了 8 种视点作为体系结构的开发指引，共涉及 52 种模型，但并不强制使用这些模型，而是为用户提供使用指引。8 种视点如图 1-15 所示。

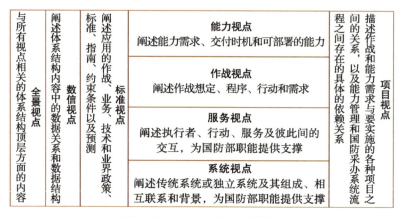

图 1-15　DoDAF 的 8 种视点

上文介绍的元模型对 8 个视点中包含的元素基本都有覆盖，而体系结构开发过程中形成的数据模型都属于数信（数据和信息）视点，其他视点中的模型多为各种文档、表格、图形等形式，任一具体的系统设计都可以归结为若干视图的组合。要注意的是，2.0 版本中的系统一词不仅指计算机软硬件，而是扩展为通常意义上的各部分之间的聚合，包括机器和人。

所以，通过 DoDAF 方法开发出来的体系结构，就是一套以数据的统一定义为核心的体系结构描述。DoDAF 2.0 的首要目标是对高效决策所需要的数据进行采集、存储和维护，其次才是支持决策。这与其对自身的定位也是一致的：为了满足国防部特定的业务和作战需求，DoDAF 框架定义了一种表示企业结构的方式，这种方式使得干系人在关注企业内特定利益相关领域的同时也能保持对全局的把握。DoDAF 提供了从下层复杂事物中抽取基本信息的手段，并提供了一致和连续的信息表达方式，正因如此，我们不难理解为什么美国国防部 2020 年数据战略中有那么多 DoDAF 的影子。

这种目标也决定了 DoDAF 与其他框架相比的一大特点：概念的清晰性。无论是 Zachman 框架还是 TOGAF，对概念的定义都很模糊，甚至是举例性的，但是 DoDAF 是以数据为核心的，所以它对于术语、概念、关系都尽可能给出了明确的定义，对数据开发的要求也相对丰富，作为一个框架级别的方法论，其可操作性是比较强的，其参考示例、参考模型对实践的指导性也更强。DoDAF 的开发过程被称为"6 步法"，如图 1-16 所示。

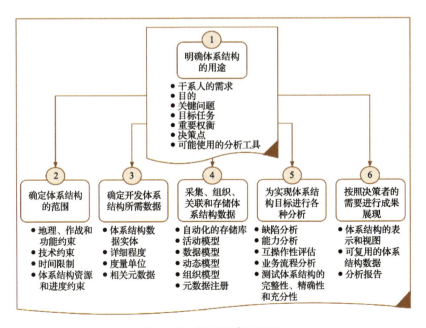

图 1-16 "6 步法"示意图

"6步法"中的架构师工作方法如图1-17所示。

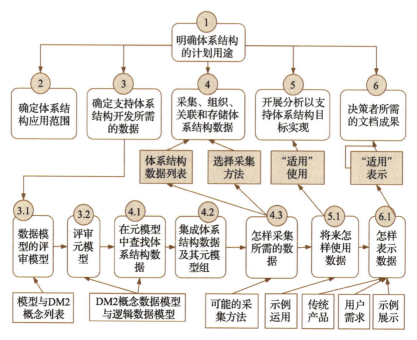

图1-17 "6步法"中的架构师工作方法示意图

DoDAF非常注重元模型的应用和管理,不同层级的元模型组合基本上约定了架构师的解域空间,不断丰富和成熟的元模型也是保证架构师产出质量的基础,这一点值得其他工程方法借鉴。在数据提炼方面,DoDAF并没有指定专门的数据建模方法,因此建议遵循"三范式"要求。

软件开发的核心就是行为和数据,而行为除了依赖客户需求外,也应接受元模型的约束。行为也是可以被数据描述的,从这一角度来讲,软件开发也可以被认为是数据和数据关系的复现。数据关系包括静态关系和动态关系,行为就是一种动态关系,服务治理也是一种基于对服务的数据描述的管理。

DoDAF 对"结构化"给出了一个非规定性的说明,如图 1-18 所示。

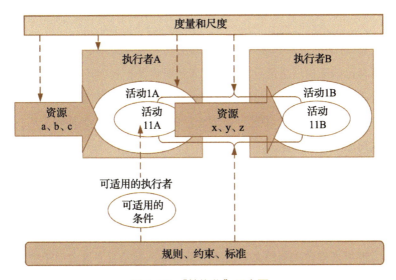

图 1-18 "结构化"示意图

虽然文档中没有具体说明,但是从示意图中可以看出,结构化至少要包含对输入、输出、角色、活动、规则、度量的明确定义。

对于 DoDAF 而言,架构师必须以一种有意义的方式将体系结构信息传递给流程主管和其他干系人,否则企业体系结构学科很快就会夭折。许多现有的体系结构方法对于"如何组织体系结构信息"是有价值的,但是对于"如何将这些信息传递给更广泛的利益相关者"就不那么有价值了,体系结构信息需要以清晰、可理解、方便决策的方式展现出来。

尽管架构设计是面向数据的，但是也不能事无巨细，将所有细节都包含在开发过程中，在实际操作过程中需要尽量控制自己。DoDAF在这方面坚持适用原则，与特定项目或者使命目标一致，不会在体系结构描述中涉及所有细节，各层级体系结构的描述和用法也可以不同。

DoDAF的优点很多，但缺点也比较明显。DoDAF是美国国防部根据自己的架构理念量身定做的，未曾听说其扩展到其他领域。此外，由于不涉及具体设计，可能对很多企业而言，DoDAF并不能解决实际问题。但是，DoDAF中的一些理念，例如对元模型的关注和应用，很值得其他方法论借鉴。

1.7 中台架构

近年来中台主题的文章已经铺天盖地，相信很多读者对于中台都有一定的了解了。2015年马云考察了一家欧洲游戏公司之后提出了"中台"的概念。随后的2018年，钟华出版了《企业IT架构转型之道：阿里巴巴中台战略思想与架构实战》一书，比较完整地阐述了阿里巴巴集团的中台实践过程，这也是中台现象的开始。钟华如今仍在实践中台的理念，2020年他又出版了《数字化转型的道与术：以平台思维为核心支撑企业战略可持续发展》，总结了新的实践经验。

中台就其设计理念而言，仍是为了有效提升复用能力而设计的企业架构方法。2019年，在南京中台大会的闭门讨论中，主持人曾要求每位演讲嘉宾用一句话概括自己对中台的认知，笔者当时说："中台与我实践过的企业级业务架构方法论（EBA）相似，也只是一种企业架构方式。"就目的而言，二者殊途同归，都是在考虑识别、沉淀企业的业务能力，将其模块化、服务化、共享化之后，更好地支持业务变化。

与传统企业架构理论相比，中台常被认为是"自下而上"的实现方式。从实践层面来讲，方法论很少有纯粹"自上而下"或"自下而上"的实施路径，但仅从表现上看，由于中台方法论的提出者没有披露过整体规划方法和过程，因此中台更多是被定位在"自下而上"这个方向上。中台相关的文章一开始也缺少对企业战略如何分解落地的阐述，钟华的第二本书和云徙科技的《中台战略》《中台实践》对这方面进行了补充。

与传统企业架构理论相比，中台很关注业务架构。业务架构根据其设计范围可以分为领域级和企业级，从各种相关介绍来看，中台方法论对业务架构的应用较侧重于领域级，业务架构师按领域配置开展工作。当然，当设计发展到一定程度，自然会关注到企业级。

对中台的探索，笔者认为仍然值得开展下去。对中台的探索就是对架构设计理念的探索，是国内大型互联网企业在技术实践越来越成熟之后对上层设计的必然追求，也是摆脱了具有一定盲动性的敏捷后，对企业架构理论尤其是业务架构价值的重新发现。

同样，笔者也不赞同按照企业规模去给中台方法制定准入门槛，毕竟企业不分大小，只要系统规模发展到一定程度，总有技术债务要还，总有充足的理由进行重构，那么此时将中台作为一种架构设计理念去应用未尝不可。至于成本问题，规模小的企业当然不必仿照大型互联网企业的方式构建昂贵的基础设施，设备成本是由系统的非功能性需求决定的，与企业的规模、财务能力也是匹配的，因此所谓的中台"烧钱"，可能只是照搬大型互联网企业的技术方案造成的。除此之外，与一般的重构相比，中台重构的成本是否真的会大幅度提高，笔者对此持怀疑态度。至于进行业务梳理所需的成本，只要企业想改革，这个成本无论如何都是要付出的。

笔者通过与他人的交流也能感受到，中台想要解决的首要问题就是，当对领域的理解和挖掘达到一定程度之后，就必须从企业层面去思考整体性问题。所谓"做中台以支持业务的灵活变化"，那到底业务是什么？到底是支持需求还是支持业务？技术人员是否理解业务？需要理解到什么程度？需求应该来自业务人员还是来自真实客户？说深了，就是技术到底怎么支持业务，或者说，技术到底怎么跟业务融合。

从大型互联网企业自身的实践看，中台首先是一个特化的方法。这些企业要梳理自身过于复杂的微服务实现状况，要支持业务端给数千万商户提供千变万化的营销、管理手段，要面对复杂的商业生态和大量的不确定性，应对大型促销活动的高并发环境，应对互联网领域"唯快不破"的残酷竞争，还要应对大量的技术无人区。中台就是在这样极端的生存环境下产生的方法，因此它一定是个特化的方法。

但是，传统企业需要的是一个泛化的方法，这就需要首先确定方法的特化之处，并对特化进行处理，将中台逐步改造成可以泛化的方法论，之后再进行推广。但是，泛化的方法在应用过程中还是会再经历一次本地的特化，先梳理清楚方法论和技术栈之间的关系、应用的前提条件和最适宜解决的问题，再对号入座，实现客户化过程。比如，业务能力梳理方法、组织结构是不是直接对标互联网企业、是不是要引入微服务、技术栈有哪些选择、是否需要全链路压测等问题。这也代表需要付出足够的时间和成本，"九层之台，起于垒土"，中台的构建，也少不了垒土的过程，不可能一蹴而就。

对于做中台产品的服务提供商而言，应当把中台当成一个软件工程方法看待，把其中的组成要素、软件过程、可选方案都研究明白。"工欲善其事，必先利其器"，这是对工匠的基本要求。对于这些厂商而言，帮助客户想清楚自己到底需要什么是很重要的。这意味着要根据客户的实际情况决定中台的实施目标，而非靠"对标"的方式诱导客户到我们的目标上。当然，这种情况不只在中台领域有，但凡商业化的产品，或多或少都会有这个情况出现。

从本质上说，中台探讨的是技术如何与业务融合的问题，有成功实践的案例做背书，但是在将其套用到自家业务实践上时，要明白知行合一绝非易事。2020年底又传出了阿里巴巴集团对中台不同以往的看法，对于这件事，笔者的观点是，我们应当认真研究企业架构理论，保持开放的心态，不用总是关注别人到底说了什么。

1.8 BIAN

银行业架构网络（Banking Industry Architecture Network，BIAN）模型是2018年提出的，首个公开版本即为7.0版本。BIAN模型最大的特点为全面采用构件理念设计，该模型以银行业为设计原型，将银行的业务能力分解为"服务域"（Service Domain），业务即服务域的组合，属于典型的面向业务端的乐高积木式设计。该方法的理念可以基于银行业向其他行业扩展。

BIAN 是一种较为特殊的业务建模方法，通过识别通用的功能职责分区（Functional Capacity Partitions）构建元素级的、离散的底层业务功能，例如维护合同协议的能力或执行金融交易的能力等，这些功能职责分区即服务域。服务域按照价值链进行归类，就构成了"BIAN 服务景观"（BIAN Service Landscape），实际上也就是银行的业务能力地图。服务之间通过一定的调用关系互相协作，支持对遗留系统、SOA 及微服务等不同技术场景的设计。服务域如图 1-19 所示。

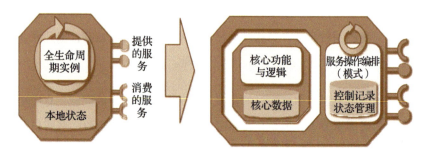

图 1-19 服务域示意图

服务之间的连接关系如图 1-20 所示。

该图展示的是信用卡到期计费业务的协作模式，左上角为业务流程，业务流程对应到其匹配的服务域，各个服务域采用网络连接的方式互相协作。

BIAN 方法论有两个主要特点。

1）构件设计。这是高度基于构件的设计，所有能力都被划分为离散的、元素级的构件，将复用设定在一个相对粗的粒度，构件内可以不描述具体的业务操作，而是确定其能力范围、对应的数据。但问

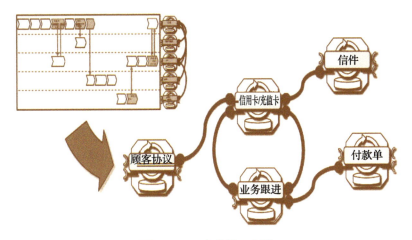

图 1-20 服务连接示意图

题也在于此,因为如何切分服务几乎是当前所有方法论都面临的共性问题。

2)重视标准化。服务域的行为和信息描述要求遵守"行为限定符类型",相当于一组标准词汇,这样可以统一、精确地描述服务域行为。无论在建立企业内部模型,还是在建立行业级模型时,标准化都是非常重要的。词汇的标准化看起来是小事情,但是如果不能做到统一管理,会带来术语使用的混乱,也会导致业务与技术之间、企业与企业之间存在沟通障碍,降低沟通效率。对于面向未来的开放式架构而言,这种对术语、信息的标准化约定尤为重要。

此外,还有一个很值得讨论的问题。就方法论而言,传统企业架构方法论一直试图在业务架构和 IT 架构之间实现松耦合,以保证设计上的灵活性和与关注点的分离,但是,实操中常常需要能够将业务与设计更为直接地关联起来的方法,这也是目前 DDD 与微服务的结合吸引了很多关注的原因。尽管企业架构需要建立多个架构视角以保持对企业全局观察的完整性，但是业务架构到应用架构到技术架构之间保持什么样的距离合适，这是一个需要回答的问题，也可能是哲学问题。

从实践上来讲，有一些欧美银行使用了 BIAN 模型，但目前国内只有浦发银行加入了相关的组织，还没有其他直接的实现案例，还有待进一步观察其实践情况。BIAN 在一定程度上像是 CBM 的细粒度升级版，无论在思路还是不足上都有相似之处。

| 第2章 |

企业架构理论的综合比较

回顾了各个企业架构理论之后,笔者认为有必要对各类企业架构理论进行一个综合比较,以便读者了解企业架构理论之间的差异以及其与工程实现之间的联系。

目前在很多涉及架构的书中,作者为了更全面地阐述问题,往往会以一个点为核心展开其实现过程。这种做法无可厚非,作者也是为了让读者更好地理解书中介绍的内容,但是这么做可能会让人产生一些误解,比如让读者误以为 SOA、微服务架构等同于企业架构;也会让读者对技术的应用产生一些疑惑,比如,我们选择微服务到底是因为业务的需要,还是单纯出于对技术热点的追捧。

2.1 比较维度介绍

为了解释上述问题,笔者重新审视了涉及业务分析的企业架构方法论。对架构方法论的总体发展进行这样一个综述并非易事,毕竟每一种方法论都很有特点,都曾面对不同的目标。另外,尽管它们试图解决的问题相近,但实际操作相差很大,案例也涉及多种企业类型。因此,笔者并不会比较方法论的优劣,而是以理论诞生时间为基本顺序,对架构方法论发展表现出来的方向性特点加以比较。

除了时间顺序外,进行综述还要考虑比较维度。在维度设置方面,笔者认为 TOGAF 提供的业务架构、应用架构、数据架构、技术架构的"4A"架构是较容易理解且传播相对广泛的企业架构内部分类方式(之所以称其为"内部分类"方式,是因为这是一个企业内部架构的四个不同视角的分类,而非不以企业为对象的架构整体的分类)。但是,笔者基于自己的经验,并从数字化转型大的方向考虑,将当前的业务架构与数据架构合并为业务架构,即在笔者自己的理论中,业务架构(包括战略、流程、产品等)与数据架构(包括数据模型、数据分布等)是合并的,因为从数字化企业的角度来看,业务与数据无法分开。当然,这并不意味企业不再需要数据建模、数据治理了,而是应当将其与业务建模、业务治理紧密结合在一起。

此外,从工程的视角来讲,企业也非常关心软件过程。架构设计作为整个软件过程中的一环,不同的架构方法论与不同的软件过程的适配性也是需要思考的问题。综上,笔者在进行综述时,会从业务架构、应用架构、技术架构、软件过程四个维度进行比较。

2.2 比较对象选取

笔者认为，不同的企业架构理论之间最值得比较的部分其实是业务架构，也就是对业务的分析与处理方式，无论该方法论是否声明了其具有业务架构。而且，面对数字化转型，如何结构化地分析业务以提升业务与技术融合的效率，正是企业研究的重点，也是企业架构方法论能够为企业创造的最大价值。

从业务架构视角出发，笔者选取了 Zachman 框架、TOGAF、FEA、DDD、DoDAF、CBM、中台、BIAN、EBA（笔者在《企业级业务架构设计：方法论与实践》一书中提倡的企业级业务架构方法论）进行比较。

从应用架构视角，笔者选取了单体、SOA、微服务这三种常见的应用架构模式进行比较，"行业级标准化构件"则是笔者认为应该采用的数字化时代的应用构建模式，而且一些方法论已经表现出此倾向，所以将其也列在了比较维度上。

从技术架构的视角，笔者粗略地选择了集中式和分布式这两种主流技术架构进行比较。多数技术人员都会认为分布式是技术架构的大势所趋，但是无论从时间还是实践的角度来讲，作为比较而言，集中式架构还是需要出现在比较维度上的。

从工程方法的视角来讲，影响力最大的工程方法莫过于瀑布模型和敏捷过程，因此选择这二者进行比较。尽管实践中很少有纯粹的教科书式的瀑布和敏捷，而是各种基于两种方法的变体和演化，如螺旋模型、V模型、规模化敏捷等，但是为了便于比较，笔者还是在维度上仅列举这两种极具代表性的软件过程。

2.3 比较结果阐述

结合这些比较对象，笔者总结了一张包含主要企业架构理论的比较图，如图 2-1 所示。

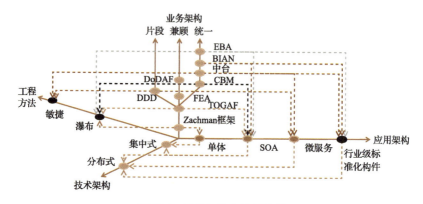

图 2-1 企业架构方法论比较

图 2-1 中连线建立的依据主要是方法论出现的时间联系或者方法论自身在相关文献中对架构间关系的说明。需要注意的是，连线并非为方法论建立特定的关系，严格来说，方法论在各个比较维度之间的非特定联系要比笔者列出的更加广泛，比如，同一种方法的业务架构设计对应的实现方式，在 SOA 与微服务之间的选择就可以非常灵活。

2.3.1 业务架构视角的比较

从业务架构视角来看，Zachman 框架是第一个提出全面、多视角看待企业信息系统架构的方法论，该框架主张从整体看待企业的所有业务，包含自上而下的设计路径，尽管 Zachman 框架中各层之间的联系并不紧密，但它依旧指出了架构的一大价值在于基于架构元素之间的联系做出更合理的架构决策。TOGAF 继承了这种多视角审视企业架构的思路，并明确提出了"4A"架构理论，该方法论也是自上而下整体设计的典型代表。在 TOGAF 之后，考虑到企业整体架构设计的复杂性，对于如何构建企业整体架构出现了思路上的分歧。

1. 兼顾整体和分段的设计思路

诞生于 2002 年的 FEA 提出了"分段架构"的设计思路，即不同领域构建不同的业务架构，所有架构共同组成企业业务架构。这相当于对各个业务领域采取了"分而治之"的思路，但是总体架构依然是可以存在的。2004 年，基于 FEA 的思路又诞生了别具一格的 DoDAF，其采用元模型的方式，以叠加的方式构建整体架构，但会通过同一个元模型形成不同领域的架构约束，并依据元模型进行数据层面的标准化管理，这就形成了一个有统一指导的构建分段架构并进行企业总体集成的方式。这种通过元模型构建的架构也成为美国国防部 2020 年"新数据战略"中提及的"敏捷架构"的基础。

2. 严格分段的设计思路

诞生于 2003 年的 DDD 采用了非常细分的"限界上下文"设计模式，将复杂业务领域分解成很小的"限界上下文"来应对复杂性问题。前文介绍过，DDD 领域的两位代表大师都不太信任"自上而下"的设计模式。但是，无论是考虑到领域架构设计最终会演变成企业架构设计这种自然倾向，还是数字化转型这种非常需要"自上而下"指导的时代级需求，架构设计都必须考虑企业层面的问题，所以，近年来也出现了在原有 DDD 理论模式上添加企业层设计的尝试，但是目前尚未有成熟理论出现。因此在这个维度上，暂时还是只有 DDD 这一种方法论。

3. 传统的整体视角

整体视角符合多数企业，尤其是传统企业的思维习惯，而传统企业目前依然在企业总量中占绝大多数。这个视角上陆续出现了 CBM、中台、BIAN 和 EBA 理论。CBM 是 IBM 公司的业务能力组件模型，从价值链视角将企业业务能力分解成能力模块，也属于典型的"自上而下"的整体设计。中台源自国内互联网企业的实践，尽管被视为"自下而上"的设计模式，但是实际上，所有的中台架构图都具有明显的企业整体架构特征，而且在从互联网企业向传统企业推广的过程中，也很难脱离"自上而下"的业务梳理过程。BIAN 也沿袭了从价值链视角将企业业务能力分解成能力模块的思路，属于"自上而下"的整体设计，但是更提倡网络化的服务串接，因此也更适合开放银行理念的实践，并在欧美获得了一定的支持。EBA 也是"自上而下"的整体设计，从战略延伸至业务活动，并且强调独立使用业务架构来提升业务思维的结构化水平，适应数字化转型对业务底层思维变化的要求，也明确提出将原来的业务架构与数据架构整合考虑，在其实践过程中，数据模型被包含在了企业级业务架构设计中。

综上，在业务架构方向上，对企业进行整体设计依然是业务架构设计理论发展的主流方向，但是兼顾整体和分段的思路也有一些良好的实践，因此，主流的整体设计模式要在业务架构与技术的衔接、架构设计周期及粒度灵活性上进行适当的改进，以提升设计效率，并为行业级标准化模型的建立做出贡献。

2.3.2 加入应用架构视角的比较

单体是"古老"的应用架构。其实单体并不意味着不好，只有当单体系统不满足业务需要时，单体式应用架构才是有问题的。

单体之后最有影响力的应用架构风格是 SOA。它设计能力的成熟大约是在 2004 年到 2008 年，这期间关于 SOA 的构建方法论已经足以指导实践了。

SOA 之后，为了解决企业服务总线（Enterprise Service Bus，ESB）等 SOA 模式中存在的一些对于具有高并发、可扩展需求的复杂业务系统设计的限制问题，微服务体系出现了，并且发展良好。尽管微服务在复杂性方面存在"门槛"，但是在解决扩展性方面还是很有效的。

数字化时代大规模软件生产应当采取行业级标准化构件的生产方式，通过减少同类企业间大量可避免的重复建设，让企业集中精力思考如何构建能够形成有利于竞争的关键性差异的设计。

一般在企业架构设计中，业务架构设计之后的工序就是应用架构设计，不同方法论倾向于不同的应用架构模式。

Zachman 框架诞生太早，主要用于单体设计，那时没有其他更好的架构风格可供选择。当然，这并不意味着 Zachman 框架不能适配其他应用架构风格，主要还是取决于使用者自身对方法论的理解。

TOGAF、CBM、BIAN 在各自的指南中都比较推荐采用 SOA 架构，虽然它们也都可以适配其他架构风格。EBA 虽然极力倡导建立行业级标准化构件，但是其诞生依然是基于 SOA 实践的。

由于中台源自互联网企业，因此其诞生环境本身就是偏向于微服务架构的。但是，最近一些中台实践者发现，在向传统行业推广中台的过程中，SOA 的异构集成能力很利于处理企业遗留系统，因此钟华在其中台新书《数字化转型的道与术：以平台思维为核心支撑企业战略可持续发展》中，对 SOA 的价值给予了高度的肯定。中台、BIAN、EBA 目前均在不同程度上提倡建立基于行业级标准化构件的应用架构，这是未来的方向。

虽然 DDD 方法的诞生早于微服务架构，原本是为更好地开展敏捷过程而设计的，但在实践上却是由于与微服务架构的结合能力而真正受到重视的。

FEA、DoDAF 没有明确指向某种具体的应用架构风格，尤其是 DoDAF，因为它并不给出明确的系统设计解决方案，而是给出方案的约束，因此也不会有明确的应用架构指向。

综上，尽管当前开发领域经常讨论微服务，但是企业架构方法论还是指向 SOA 的居多，这一方面与大部分理论的诞生时间有关，另一方面也与企业转型过程中企业架构设计经常要考虑对遗留系统的处理有一定关系。应用架构设计还是要考虑一些实施的约束的。

严格来说，业务架构与应用架构之间是松耦合关系，但是正如笔者在讨论 BIAN 时所言，仅从提升设计效率的角度讲，我们也需要将业务架构与应用架构之间的结合设计得更紧密一些，正如 DDD 所表现出的一些特性。此外，随着数字化的发展，业务架构中的绝大部分内容都是要落实到系统设计上的，而应用架构中的模块或者服务的切分问题一直没有被很好地解决，主要还是依靠经验和摸索。乐高积木式应用架构设计理念迟迟未能实现，笔者认为最主要的原因就是业务侧没有很好地将其自身结构化，并深度参与到系统设计过程中来。

目前数字化转型中的一种思想认为，所有业务都有理由被"重做"一遍。如果真的"重做"一遍，笔者建议最好能够先由业务侧采用业务架构思维将业务重新结构化一次，将重新结构化的业务架构与应用架构紧密衔接，成为业务和技术都能理解的"乐高积木"，而不是仅将两个架构局限在需求与实现之间的映射关系上。

2.3.3 加入技术架构视角的比较

技术架构仅选取了集中式和分布式这两种分类方式进行比较。当然，分布式包含多种不同的实现，比如头部互联网企业当前实践的"逻辑单元化"等，但是作为一种粗颗粒度的比较，笔者认为无需细致到不同企业的具体实现方式上。

业务架构通常不会对技术架构提出很直接的要求，但是业务需求中对非功能性需求的考虑会影响到技术架构的选型，比如面对大业务量的高并发、可伸缩需求，一般会采用分布式系统。但通常来讲，业务架构会影响应用架构，而应用架构往往与技术架构有一定的结合。

单体应用出现的时间早，因此可以直接对应到集中式架构。分布式架构的逐渐成熟应该是在 2000 年～ 2008 年，CAP 理论和 BASE 理论的提出让分布式架构的设计更加实用。SOA 理论也在这个时间段逐渐成熟。考虑到很多 SOA 案例与大型主机之间的联系，SOA 架构案例往往倾向于采用集中式，但实际上 SOA 架构也是可以采用分布式架构的，所以图 2-1 中未对 SOA 与技术架构进行明确的连线。

微服务架构在互联网企业的实践中往往是与分布式关联在一起的，而且在将微服务技术输出到传统行业的过程中推荐使用的也往往是分布式架构。

未来的行业级标准化构件架构模式，考虑到系统扩展性的要求、平台化的发展以及大量遗留系统被逐渐淘汰，也推荐使用分布式架构。

其实，集中式架构与分布式架构没必要论个"高低短长"，更多还是要从实际需要出发。从大的趋势上来讲，分布式架构的确表现出了较强的主流趋势。

2.3.4　加入软件过程视角的比较

瀑布和敏捷其实并没有绝对的优劣之分，当需求明确时，瀑布模式往往效率更高，协同性也会更好；但是当需求模糊，目标不稳定时，敏捷体现出来的试验性特点就比较适合应对项目的风险特征。敏捷和瀑布不能简单用"快"和"慢"来考量，良好的过程管理也能带来效率的提升，架构混乱的敏捷也会有技术债务要偿还。所以，不能片面追求某种指标，而是要从目标、组织和企业文化出发，建立具有适配性的工程管理能力。

此外，敏捷过程在实践中需要 DevOps 等开发平台、能力的支持，不具备这些平台时，敏捷的效果会大打折扣。而实际上，如果具备这些平台，即使用瀑布模式进行开发，效率一样会获得提升。一些大型银行的实践表明，在开发能力提升、可用资源增加之后，在不改变开发模式的情况下，开发效率也一样会有较大提升。因此我们可以看出，很多大中型银行面对的其实不是不适应模糊需求的问题，而是缺少足够的开发资源应对大量确定性开发需求的问题。很多传统企业也是如此，敏捷过程并不能彻底解决这些问题。因此，不同行业、不同企业在不同阶段需要解决的困难是不同的，不能一概而论。

多数企业架构理论给人的印象都是体系庞大、周期漫长，且天然适配瀑布模式。确实，除了 DDD、中台能匹配敏捷过程外，其他架构理论显然更适合瀑布模式。

其实思考这其中的关系更合适的视角可能是将面向首次企业级转型的企业架构设计过程与其后基于企业架构的长期演进管理分开考虑。对于首次转型而言，应该尽量采用全局的视角与合理的周期进行一次完整设计，即架构设计本身是一个瀑布过程。在架构落地过程中可以灵活应对，毕竟没人能保证环境不变，但是完整设计有助于评估变化的影响和应变的必要性，有时对变化的快速适应和对变化的不适应一样，都有走弯路的可能，没有绝对可靠的解决之道。

在首次转型结束、进行演进式管理的过程中，架构本身已经具备快速识别和定位需求的能力，架构思维也可以引导业务人员更结构化、系统化地思考业务，因此架构本身对企业的快速演进已经能够形成助力了。但是，架构设计和管理人员必须清楚，架构管理的本质不是维护架构的稳定，而是面对变化做出合理的判断，这是建立企业架构的价值所在，也是从 Zachman 框架开始一脉相承的"初心"。对于这一点，一些互联网企业深有感受。笔者经过近些年的观察与交流发现，互联网企业在经过初期的快速发展后，实际上已经走上了一条"重新发现企业架构"的路。

2.3.5 综述

综上,业务架构是各种企业架构方法论中差异最大的部分,业务架构理论上可以灵活地适配不同的应用架构,但是目前指向 SOA 架构的方法论居多。而在技术架构方面,分布式架构是发展的趋势。对于实现数字化转型而言,采取瀑布模式完成整体架构设计也许更可取,但是在具体实施层面及此后的演进中,可以灵活选择工程模式。

比较务实的方法论研究方式还是以某种方法论为企业实施的核心方法论,在实施过程中不断吸收其他方法论的优点,不断完善对实践的指导能力。在企业架构这类较为"深邃"的领域,频繁切换赛道有可能不利于企业的知识积累,而知识积累恰恰是方法论发展和创新的最基础、最关键的因素。

作为未来的方向,业务架构设计必须整合业务与数据两部分,并基于标准化理念努力提炼行业级标准化业务构件,与应用架构实现更紧密的连接,以支持基于行业级标准化构件开发的应用架构风格。

这种风格在企业内部的实现上依然可以是微服务模式或者 SOA 模式,但是在行业级层面则可以考虑结合标准化的开源模式。由于采用行业级标准化构件,开发效率可以有更大的提升,也更有利于开放式架构的实现,包括开放银行、开放生态等。

企业不应过于关注行业内同质性业务部分的开发,而应更多关注可以真正产生差异的部分,做合理的"定制化",否则大部分系统开发费用都被投入"同质化"竞争了。

技术架构逐渐会以分布式为主,而在工程模式上,基于标准化构件的、有总体架构做指导的新型敏捷实践也许会出现，因为这是更符合数字化时代大规模软件生产需要的工程方法。这种敏捷需要区分重大重构和一般性演化，重大重构需要采用规划的方式进行指导，一般性演化则是在已有架构的基础上做局部演进，可以更多采用敏捷过程。

此外，我们应当尽可能用敏捷思维而非某种特定的敏捷过程指导企业工程，即应该更多关注如何在实施过程中基于快速反馈机制形成快速调整能力，而非拘泥于特定的工程模式。在这一点上，无论对待敏捷过程还是瀑布模型，都应当采用一样的态度。

2.3.6 企业架构理论需要持续演进

企业架构目前也存在一些需要解决的问题，这些问题制约了企业架构作用的发挥。比如，业务架构本应成为业务与技术之间的桥梁，但实际上仍停留在技术人员的作业范围内，很少被业务人员了解和感知，也没有被业务人员应用到业务领域中去解决问题；架构设计领域至今没有出现非常好的工具，设计工作都由架构师负责，业务资产、IT 资产缺乏有效的管理和连接，这个问题从 Zachman 框架时期延续至今；由于对项目周期和开发速度过分关注，架构管控工作僵化、生硬，架构的弹性和创造性没有得到关注，反而使架构成了不灵活的管控工具。这些现象导致了对企业架构价值的轻视，甚至产生了不正确的架构理念，限制了企业架构理论和实践的良性发展。

企业架构最重要的价值是要解决业务和技术的深度融合问题，这种融合基于最普通的沟通，让业务和技术能非常简单而直白地"聊"到一起。"聊"到一起需要"共同语言"，语言是人们沟通的工具，而背后支撑语言进行表达的是思维模式。这种思维模式要求既能够被业务人员接受,又要能在日常工作中使用,这样业务和技术在思维模式上才能真正接近。这种模式就是结构化思维,这也是企业架构的核心思维模式。

这种模式并不会过度增加业务的学习成本,因为业务本身也是可以且需要流程化表达的,尤其是当越来越多的业务流程被自动化执行的时候。业务人员也需要结构化地理解数据,因为,数据服务越来越无法像过去那样靠"喂报表"就得到满足了,业务人员需要"主动"地使用和理解数据。流程和数据就是企业架构需要结构化的关键对象,它们的数字化转型过程都需要业务人员深度参与。

当业务人员深度参与流程与数据的结构化,将结构化思维应用到日常工作中时,我们就会发现,此时企业架构思维已经成为数字化时代的"管理语言",这是成为数字化企业的必要条件。如果企业架构不融入企业管理中,企业就无法在各个层面促成深度的业务技术融合,无法真正用数字化的思维思考,仍然需要用"翻译"去解决业务和技术的沟通问题,使自己处于"数字化管理窘境"。

总之,我们处在一个迫切需要企业架构方法论创新发展的时代,这是帮助所有企业完成数字化转型,乃至完成全社会数字化转型的必经之路。架构的自主可控是企业核心能力自主可控的标志,企业架构方法论也需要实现"道路自信、理论自信"。

目前主流的架构理论中,无论从哪个维度看,国产理论都寥寥无几。我们已经有40多年的信息化建设历史了,工程和架构的创新之路需要我们认真走下去。而这条路的开端,笔者认为应该放在业务架构上,除了技术人员长期坚持的"供给侧革命"外,来自业务人员的"需求侧管理"也是数字化时代必不可少的。

| 第二篇 |

聚合架构方法论基础理论

对企业架构方法论进行思考和总结是一个艰苦而漫长的过程，开山鼻祖 Zachman 先生的两篇很有影响力的架构文章，发表时间也相隔了 5 年之久，真可谓"征途漫漫，唯有奋斗"。但是，没有"出发"就不会有"到达"，没有探索，就看不到沿途的风景。有时候正因为"自不量力"，反而有所收获。

笔者对架构理论充满热情，也看到了一些需要解决的问题，因此不免想发表一些想法：企业架构不能凭着感觉、由着性子前进，而是需要一定的严谨性，需要有构建方法论的基本态度，也要对方法论本身有基本的认知和尊重。

本篇笔者就与读者一起尝试搭建一个能够在一定程度上解决第一部分提到的各种问题的方法论框架，过程中笔者会对企业架构的基础理论、元模型以及建模工具进行介绍，希望能够为各位读者开始自己的探索提供帮助。

| 第3章 |

聚合架构方法论的核心概念

探讨企业架构方法论需要明确一些概念,建立概念并不是为了炒热词,而是要界定讨论问题的范围。

30余年的研究与实践历史并不长,也许还不足以产生具有强大说服力的企业架构理论。因此,一本阐述企业架构理论的书,需要先解释企业架构到底要解决什么问题,这样才能揭示我们到底需要什么样的企业架构。同时,企业架构理论也必须框定好自己的范围,这样才能够在"限界上下文"中讨论问题,不至于过度发散,导致理论崩塌。

3.1 企业架构的使命与要求

3.1.1 企业架构要解决的问题

数字化时代是以软件为主要生产工具，以数据为关键生产要素，以协作为普遍生产组织方式，虚拟与现实深度融合的"超级体验"时代，个体将享受到空前的获得感、参与感，乃至幸福感。数字化时代已被软件"包围"并"填满"，软件开发量的增长已经预示了未来的趋势。据某知名机构预测，未来 5 年的软件开发量将超过过去 40 年开发的总量，那么，未来 10 年、20 年、30 年呢？随着软件技术在基础教育中的普及，"全民编程"时代距离今天也未必很遥远。对于企业端的软件开发而言，这既是好消息，也是坏消息。

企业的对外服务、对内管理大量依靠软件实现，即便是街边零售摊贩，也在使用软件收款结算。软件服务范围的扩大，直接导致"软件缺口"的扩大，且这个缺口没有因为软件开发速度的加快而缩小。越来越多的企业端软件，在提升单项工作效率的同时，也加大了总体管理的成本，增加了数据处理的难度，我们称这种现象为"软件混乱"。"软件混乱"导致通过软件提升企业洞察力的难度加大，而这本应是数字化发展的关键方向。如果从业者人数、工作量的持续上升未能填补软件开发的缺口，反而加剧"软件混乱"，这就与开发软件的目标背道而驰了。软件本身要能够很好地解决问题，在此前提下才有商业利益可言。

凡是软件必有架构，这是由软件的生产方式决定的。无论采用面向过程、面向对象还是面向函数的编程语言，软件都只能按照某个特定的结构去实现，因为需求本身也有其内在结构。企业端软件面对的问题是在其开发过程中导入了因企业因素而产生的特殊复杂性，企业因素包括企业战略、组织结构、业务模式、外部协作、客户变化等，企业是一个特定的"问题域"。

清晰的软件架构可以降低复杂度的不可见性，问题能因为结构的分解而从"大"变"小"。架构是解决"软件混乱"的正确方式，企业端软件也不例外。针对企业复杂性这个特定的"问题域"，我们的解决方式就是"企业架构"。目前各类应对企业端软件开发存在的"软件混乱"而采取的措施，最终都会导向某种在整个企业范围内思考问题、寻求策略的倾向，其实质都是对"企业架构"的探求，仅在方法上有所区别而已。

3.1.2 企业架构还需要发展

"企业架构"是解决企业端"软件混乱"的工具，但工具本身也会增加复杂性，也可能导致混乱，因此，让工具本身清晰也是非常重要的。架构的实质就是在解释清楚结构和关系，因此，架构设计必须聚焦于关键设计元素及其关系的获取，架构开发中采用的方法、工具都要服务于这一目的，不要过度拓展架构解决问题的方式方法，导致架构方法论的混乱。

企业不应当被企业架构的庞大迷惑，甚至产生畏惧心理。清晰的企业架构方法是在解释企业的复杂性，企业的复杂性不会因企业架构方法而放大，反过来，企业的复杂性也不会因为不采用企业架构方法而减少。

企业架构会关注企业的战略、组织、业务、技术等方面,但是,架构在每个方面关注的都是其设计元素及相互关系的识别与表达,架构本身不等于架构设计对象,只是对架构设计对象的良好表达,借此澄清架构设计对象。为了达到这一目的,企业架构方法论必须阐明自己关注的设计元素,并且可以动态地调整这些设计元素及识别方法,这就是企业架构方法论的演进。

澄清架构设计对象虽然有助于解决"软件混乱"问题,但仍然不能保证软件开发速度的提升,无法解决"软件缺口"问题。"软件缺口"问题是更大的行业级别的"软件混乱",这一问题导致行业通用功能既无法很好地由商业套件提供,也无法通过开源手段简单解决,因为这是语境、语义上的"混乱",是跨企业的定义、标准、理解不一致产生的"混乱"。

由于架构方法的内在逻辑,企业架构有助于解决"软件混乱"问题,但这个问题不是单一企业的架构设计方式可以解决的,而是需要跨越单一企业边界进行标准化提炼,实现行业级的标准化。即便在同一行业内,对于不同规模的企业,其架构依然可以是不同的,所以,这是按照企业行业、规模等维度分层的企业架构。

基于对标准化分层企业架构的提炼,可以获得"量产"型的架构设计生产能力,当然,这并非绝对的"量产",而是相对当前长周期、人力型企业架构生产方式而言的"量产"。在企业架构工具的支持下,少量架构师可以有效地指导架构设计工作。这里需要明确的是,架构师的工作是"指导"而非"生产",因为企业架构设计不仅是架构师的事情,而是整个企业的工作。企业架构是数字化企业的思维模式,把一切事物结构化,进而数字化,把所有局部融合成一个有机整体,这是需要企业上下共同努力的事情。每个人、每个物品都是企业的一部分,也都是企业架构可以描述的一部分。

这种支持跨企业甚至跨行业标准化、"量产"的企业架构,也可以采用生态方式构建。像"开源社区"一样的"开源企业架构社区"会帮助构建架构,可以为行业提供民主化、分布式的架构设计能力,而非中心化的架构产品。

对于以构件为单位的架构设计,开源其架构构件、关系说明,可以为架构设计提供能够快速生长的"生态"。如果构件本身已经包含实现,这就是一个不以单一系统为生长边界的"开源企业架构"。当然,开源企业架构的发展离不开国家的支持和专利的管理,这样才有可能平衡社区的运营。《中华人民共和国国民经济和社会发展第十四个五年规划和2035年远景目标纲要》(本书以下简称《纲要》)中已经提到需支持数字技术开源社区等创新联合体发展,完善开源知识产权和法律体系。

企业架构有助于解决企业端软件生产存在的"软件缺口"和"软件混乱"问题,但这并不是当前的企业架构理论可以马上解决的,还需要理论自身的发展,以及所有支持者、需求者共同而长期的努力。尤其重要的是,这不是一个在技术层面可以解决的问题,企业架构尤其是其中的业务架构部分,必须走出技术侧,能够被业务侧掌握且广泛应用,其全部价值才能被激发。

3.1.3　企业架构应满足的基本要求

企业架构自身需要发展,发展中应注意最基础的五项要求。

1）架构资产的明确性：企业架构对其设计元素的表达、对架构资产的界定，应当尽可能明确，不增加额外的复杂度。

2）架构连接的清晰性：元素间的关系应当尽可能清晰，元素间的连接在存在的瞬间就是静态的，必须清晰。

3）架构组合的灵活性：架构从底层元素开始就要支持灵活组合，这是架构弹性的基础，然而灵活的组合会导致架构资产更难以定义，因此在架构资产定义时还需做权衡。

4）架构沟通的高效性：基于架构进行的沟通必须是高效的，否则，说明以上三项的要求未能满足，架构沟通是否高效检验了架构设计质量。

5）架构方法的友好性：架构具有一定的抽象性，但又是用来解决复杂问题的，因此其方法难免会有过度复杂化的倾向，企业架构是为企业战略服务的，是遵循由战略到业务再到技术的传导路线的，如果方法缺乏友好性，会受到业务和技术两端的"嫌弃"，尤其是业务端，业务端的"嫌弃"会让通过企业架构促成业技融合的想法落空。

要达成这五项，必须非常重视元模型和业务视角（也即业务架构），这也是本书构建企业架构方法论与架构框架的核心要点。

3.2 企业架构的概念与范围

企业架构设计的服务对象是企业，所以"企业"是企业架构理论首先要明确的概念。对于这一概念，笔者比较赞同 TOGAF 理论中对

"企业"的定义，即企业是具有共同目标的一系列组织集合体。尽管这个概念有些抽象，但这一旨在界定涉及范围的概念，有效地避免了深入讨论企业性质可能会带给企业架构理论的混乱，也很好地拓展了企业架构理论的适用性。基于这一概念，企业架构理论适用于任何组织形态，也不需要区分组织规模，并且强调"共同目标"对企业架构设计的指导性意义，实现"共同目标"是企业架构的使命。

确定了"企业"的概念之后，接下来要确定"架构"的概念。笔者比较认同 ISO 中对架构的定义：架构是指系统的基本组成部分，各组成部分之间及其与环境之间的关系，决定其设计与演进的治理原则。也就是说，架构主要包括结构、关系、原则（也可以理解为"规律"）。这一概念同样没有限制架构的适用范围，所以笔者曾在自己的公众号文章中提到，"万物皆有架构"。

把这两个概念结合起来，笔者认为，"企业架构"的概念应当是"具有共同目标的组织集合体的基本组成部分及其内外部关系与治理原则"。由此，企业架构设计就意味着，根据共同目标分析、设计相关组织集合体的基本组成部分和内部关系；企业架构治理的核心则是持续形成和完善用于指导设计和架构演进的原则；企业架构方法论则是根据企业架构的概念，为企业架构设计和治理的实现提供指导性的框架；企业架构实施则是根据企业架构方法论提供的框架，针对本企业的特点进行的企业架构实施活动，包括架构设计与工程管理两部分。企业架构实施会带来企业架构方法论的改变，这种变化最终也可能会导致企业架构核心概念的变化，即企业架构理论是动态的、知行合一的理论。

按照 Zachman 框架的理念，企业架构是多视角架构的集合，TOGAF

将其内部划分为"4A"架构,即业务架构、应用架构、信息架构(数据架构)、技术架构。笔者也认为企业架构不是一张包罗万象的"大图",而是多视角的集合。按照本书 2.3 节中的分析,笔者建议应当将 TOGAF"4A"架构中的业务架构与信息架构整合为新的"业务架构",理由是业务和数据应当在架构设计过程中整合考虑。这并非要取消数据模型,而是数据模型不应再被单独设计,而是应该与业务模型一同设计,并形成更紧密的关系。这样做一方面有利于提升业务架构的结构化、标准化程度,另一方面也有助于业务架构与应用架构的衔接。因此,笔者建议的企业架构在内部分类上包括业务架构、应用架构和技术架构,信息架构则分别融入这三个架构的设计过程中。

每种架构都有自己关注的部分,但是作为一个整体,三者之间的衔接关系由三者共同关注的内容构成,就是对架构组成部分和原则的认知。而这三种视角认知的背后,则是企业战略、组织和文化的影响。每种架构最终都要为实现战略服务,而各个架构都会不同程度地受到企业组织结构的影响,即便是离业务相对较远的技术架构,也难免会受到组织因素的影响。企业文化作为一种不可见的"软因素",对企业的影响更是渗透到企业的方方面面,围绕企业架构开展的各种活动都是企业文化的一部分,也必然受其影响,因为一切活动最终都是人的活动,企业架构活动也不例外。当然,企业架构活动也会反作用于企业的战略、组织和文化。三个架构中,重点是业务架构,业务架构是实现业务与技术深度融合的关键部分,业务架构也是本书关注的重点。

企业架构方法论并非只关注理论的自洽,还高度关注其实现能力,因此,在企业架构方法论中,除理论逻辑外,还应当包含实施建议、指南、工具介绍。新理论可能在列举实施指南时缺少可供参考的实例,但是不能因此而停止对理论发展的大胆讨论,我们要积极思考、勤于动手、博采众长。方法论实践需要结合企业自身特点,不能简单地照搬,因此,实例对于理解方法论而言虽然具有非常珍贵的参考价值,但不能完全按照实例去理解方法论,因为实例都是方法论落地的"特例"。因此,理论上的研究也需要敢于大胆提出方向和设想,再去实践中求证。

在企业架构方法论中,除对设计方法的介绍外,也应包含方法论对工程模式适配能力的分析。工程模式是落实企业架构的必经之路,所有设计最终都要通过工程能力实现,工程管理对于架构落地效果有着至关重要的影响。方法论要做到的是努力兼容各种工程模式,这对方法论而言是一种很大的挑战。

企业架构方法论不应当只停留在"当下",还应多考虑未来的发展方向,这是架构方法论在时间上的扩展性与适应性的来源,也能为对该方法论感兴趣的企业提供创新的思路。也就是说,所有的架构方法论在理论上应当是自洽的,在思想上应当是开放的,永远不要停下方法论研究的脚步。没有停滞不前的方法论,只有让方法论停滞不前的选择,即方法论停滞原因通常是人。

关于企业架构的认知,还有一点非常重要,企业架构是为企业服务的,但企业不是为企业架构而生的。做企业架构是为了更好地理解企业,提升其管理能力,而不是为了用企业架构去"统治"企业。企业架构通过内部一体化、内外一体化的设计提升效率,但企业架构自身的诉求不是企业必然会放在第一位去考虑的问题。当利益与架构的工作方式、原则产生冲突时,企业很可能会把利益置于优先地位。尽管这样会对架构产生影响,甚至给今后遗留下问题,但是,企业架构和做企业架构的人都必须要接受和适应这种情况。

笔者希望企业能够更多地通过企业架构来进行决策。企业架构反映的正是遵循秩序带来的自由，没有秩序的自由终将导致全面的混乱。临时的、局部的混乱也许可以为企业带来产生一定优势的"灵活"，但是，没有企业可以靠"全面混乱"取得长期竞争优势。

笔者提出的聚合架构方法论的主要内容如图 3-1 所示。

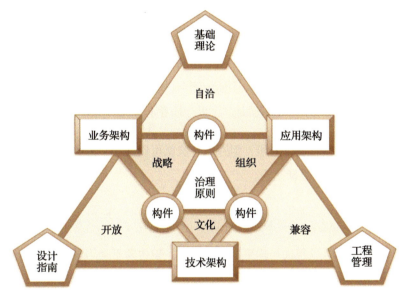

图 3-1　聚合架构方法论概念图

如果读者对企业架构方法论有一定了解，那么可以发现，笔者并未新增概念，而是在已有认知的基础上进行加强和调整，这也符合"奥卡姆剃刀原理"，"如无必要，勿增实体"。

3.3 企业架构的核心理念

企业架构的核心理念包括：全面、结构化、灵活和演进。全面和结构化是有关架构设计的，但是在架构管控方面，需要具备落地的灵活性和适应长期变化的演进能力。

1. 全面

企业架构设计强调全面，其根本原因是范围决定设计。企业架构要看到企业的全貌，设计范围自然要全面。而且，架构师看到的范围本身也会影响设计结果，就像梳理工作的优先级一样，5件事的优先级排序会是一个结果，事情扩大到10件又会是另外一个结果。架构处理的就是结构和关系，如果范围改变了，那么结构和关系都可能改变。架构的全面原则简单来讲就是"不谋全局者不足谋一域"。

全面是一种设计要求，但并非一次就可以达到，因此可以从起点开始持续累积，逐渐达成。

2. 结构化

结构化可以帮助架构更准确地实现。架构师不是为了画架构图而去研究架构的，而是要通过架构设计准确地复现一个已有的事物，或者准确地实现一个已有的想法。架构是要指导实践的，因而要找到准确的结构，才能保证实现结果的正确。

结构化可以帮助认识复杂事物。结构化是应对复杂事物的有效办法，要想厘清太复杂、规模太大的事物，就要进行拆解，将大事化小，才能小中见大。

3. 灵活

架构管理应该是灵活的。在现实的架构工作中，在企业架构设计完成后，往往会因实现过程中发掘了更多的细节需求和新需求而需要调整架构，经过适当的评估的调整是可以灵活接受的。灵活对架构思维而言非常重要，可以说是架构思维的"生命之源"。笔者做企业架构越久，对灵活的重要性体会越深。

所以，不要把架构设计成刻板的管理。很多人都把架构看成是一种管控，甚至抱怨架构的约束、限制、死板，这其实是把架构的执行问题当成了架构本身的缺陷，这不是正确的架构理念。做架构管控虽然与做管理类似，但是别把架构管控和行政管理混为一谈。架构的落地不是完全靠严格的管理实现的，而是因为设计本身适应了环境和目标的要求。

可以用企业管理做类比，企业经营得好，不是因为所有人对总经理都唯命是从，而是因为决策本身是正确的，大家顺着正确的方向才把事情做对了，单纯的严格管理并不能保证方向的正确。架构不是为了控制，而是为了适应。管理领域经常提到弹性、柔性，架构也是很需要弹性的。未来数字化企业的韧性恰恰就要基于其架构的弹性。

4. 演进

灵活可以被看作处理落地问题的原则，但是处理长期适应问题则要讲求演进。当业务发生变化时，架构也需要与时俱进。

只有努力适应变化，提供价值，企业才能在竞争中保持领先，才会延续下去，这是企业架构必须遵守的原则。企业架构不是追求一次架构设计任务的完成,而是要支持企业持续的适应和生存,甚至要主动发起变化去适应。

3.4 业务架构的概念与价值

业务架构通常被认为是连接业务与技术的纽带,用来实现业务需求到技术实现的顺利传导。对于 TOGAF 等企业架构理论来说,业务架构也承担着将企业战略落地的职责。业务架构最早由 TOGAF 定义,从诞生之初就很清楚地定义了自己的使命:面向复杂系统构建。也就是说,业务架构与其他架构一样,其目的也是要更清晰地理解业务,更好地规划和实现系统,因此 TOGAF 将业务架构归属于 IT 战略部分。

但是从笔者的实践经验来看,业务架构更突出的作用是影响了参加过业务架构设计工作的业务人员,他们的逻辑思维能力、结构化能力、企业级观念和意识都发生了明显的改变。因此,应当将业务架构从 IT 战略中独立出来,更多地面向业务人员,以充当业务与技术之间的桥梁。

基于此,笔者在《企业级业务架构设计:方法论与实践》一书中为业务架构提供了一个操作性定义:以实现企业战略为目标,构建企业整体业务能力规划,并将其传导给技术实现端的结构化企业能力分析方法。本书继续沿用并发展这个定义,结合本书 3.1 节中对企业架构的定义,业务架构的概念是指"基于业务视角形成的具有共同目标的组织集合体的基本组成部分及其内外部关系与治理原则",业务架构设计则是指"以实现企业战略为目标,构建企业整体业务能力规划并将其传导给技术实现端的结构化分析过程"。这一概念如图 3-2 所示。

图 3-2　业务架构概念图

业务架构设计必然包含企业的战略、组织、流程等关键元素。就其方法本身而言，既可以用于单个产品线或业务种类的领域级分析，也可以用于跨越产品线、业务领域的企业级分析。后一种显然对企业具有更高的价值，更值得企业去尝试与推广。

不同于一般基于业务诉求的需求分析或产品设计，业务架构最大的价值在于提升企业的整体性，这是企业管理一直追求的目标，让企业能够像一个人一样控制自如，像人类的神经系统一样具备企业的"数字神经"。人体结构无比复杂，但是人依然是作为一个整体行动的，没有因为人体的复杂而让器官"各自行动"。企业远达不到人体的复杂程度，所以复杂并不是企业缺乏整体性的"借口"，而是缺乏提升整体性意愿的"借口"。

此外，无论是多复杂的系统，都需要避免"失控"，企业更是如此。系统越复杂，越需要完整的管理视图；单个子系统的能力越强，越需要整体协同，否则整体的优势无法发挥，对应的解决之道就只能是"解体"了。如果因复杂性问题而停止了发展，企业也将止步于当前的规模，业务架构更是如此。

业务架构有利于实现业务与技术的深度融合，有利于打造能够让企业整体，尤其是业务与技术之间有效沟通的"通用语言"。"通用语言"的背后是"通用思维模式"，因此，业务架构必须是一种"结构化企业能力分析方法"，这样才能逐步为业务和技术建立分析问题的共同视角。

3.5 业务架构与 IT 架构的关系

为便于理解，本节论述中 IT 架构的内容采用目前在开发领域通常提到的分类方式，而没有完全采取笔者在本书中主张的取消信息架构独立视角的观点，全书仅有本节采用这种表述方式，还请各位读者阅读时注意。

TOGAF 将业务架构视为 IT 战略的一部分，但事实上，业务架构是面向企业战略而非 IT 战略的，它不同于通常意义上的业务需求，而是企业业务战略的实现方法。因此，业务架构的范围大于 IT 架构的范围，更严格地说是大于应用架构的范围，可以包含企业战略的非系统化部分，是企业业务的全景描述。IT 架构则是用于企业系统化建设的，是企业战略的系统实现部分。二者之间的关系，用"灵魂"与"容器"来形容也许更为恰当。业务架构是灵魂，IT 架构是容器，即灵魂的载体，没有灵魂、只有容器是没有生机的，所以，技术人员需要关注业务和业务架构。

业务架构与 IT 架构的关系可以用图 3-3 加以说明。

业务架构从企业战略出发，按照企业战略设计业务及业务过程，业务过程需要业务能力支撑，从战略到业务再到对业务能力的需要，就形

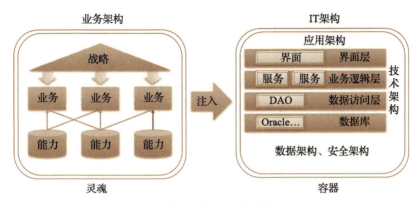

图 3-3 业务架构与 IT 架构的关系

成了支持企业战略实现的能力布局,它是企业如何为用户创造价值的设计。业务架构设计会尽可能地以更为集约的能力实现更为多变的业务或服务。

业务架构设计完成后,"灵魂"就诞生了,IT 架构则是根据"灵魂"的需要来设计"容器"。IT 架构常采用 TOGAF 分类方式(见 1.2 节)。随着安全问题日益受到重视,许多企业的 IT 架构也将安全架构置于重要的位置上。

IT 架构中 4 种架构的特点及其关系具体如下。

1)应用架构重点关注的是功能布局和数据流向,与业务架构的关系非常紧密,是业务架构设计的"紧后工序"。

2)数据架构的主要工作是对数据的设计,包括数据定义、数据标准、数据模型、生命周期管理、数据资产的管理等。数据架构可以很复杂,但是数据架构应该与业务架构紧密结合,而不是单纯地进行数据设计，业务与数据是相辅相成的，尤其是对数字化转型而言。

3）技术架构主要关注技术平台的分层结构。对于大型企业的业务系统而言，一个逻辑分层很可能要通过多种平台才能实现，需要制定技术平台发展规划。技术架构与业务架构的关系不太直接，要通过业务特征、业务量等多种非功能性因素来综合考虑分层的合理性和平台选型。通常业务架构设计不会涉及这部分工作，但业务架构师应当了解本企业的技术架构及其特点。

4）安全架构与业务架构的关系一般不十分紧密，但是目前安全架构设计的一个发展趋势便是向业务架构靠拢，或者说向企业战略靠近，使得安全架构设计更贴近实际业务需要，更符合企业发展方向，而不再局限于传统的网络安全、信息安全等防护型工作，需要体现出更多的"规划"特征。

从上面的介绍可以看出，作为"灵魂"的"容器"，IT架构中的应用架构与数据架构及业务架构的关系是最为紧密的。从实践的角度来说，如果企业没有很多的架构设计人员，那么应用架构、数据架构与业务架构可以合并，毕竟业务能力规划清楚之后，向部署延伸一些就是应用架构。如果将业务架构与应用架构合并，那么经验丰富的技术人员会更适合担任此项工作，但相关人员必须具有或者要培养良好的业务思维。数据架构可以融入其他架构的设计过程中。

将"灵魂"注入"容器"是技术人员的重要工作，而能否顺利注入，则有赖于对"灵魂"的充分认知。引导这一认知过程，让原本朦胧神秘、纷繁复杂的"灵魂"清晰可见的，正是业务架构。

| 第4章 |

聚合架构方法论的元模型

元模型是高效地抽象阐述方法论的有力形式,因此本章将集中论述聚合架构方法论的元模型,帮助读者快速理解企业架构设计的关键元素及设计原则。

4.1 什么是元模型

元模型(Meta Model)又称"模型的模型",通常用于定义模型中具有哪些基本元素、元素之间的关系或者关系表示,是比模型抽象度更高的模型表示或者模型定义。1.6节介绍过的DoDAF就是一种以元模型为核心的架构构建方法。TOGAF也定义了自己的内容元模型,以表明业务架构、应用架构、数据架构和技术架构的核心内容及相互之间的关系。

元模型体现了方法论的架构观,即方法论是如何理解设计对象的。这一定义源自笔者对"世界观"的理解,所谓"世界观"就是基于对世界的观察而形成的对世界的观念,也即对世界的理解。根据观察,如果认为地球是绕着太阳转的,对应的世界观就是"日心说";如果认为太阳是绕着地球转的,对应的世界观就是"地心说"。"世界观"通常不是一个观点,而是一组相互关联的观点体系。

当我们思考设计对象的架构时也是如此,架构观就是基于对设计对象的观察而形成的对设计对象的理解。观察都需要视角,架构观主要受观察视角的影响,对于架构设计而言,基础的视角就是侧重于分析设计对象的结构、关系、演进原则,架构师可以从这几个点出发去理解所有设计对象。基于此形成的架构观,就是反映了设计对象的结构、内外部关系以及演进原则的一组观点体系。

基于该观念,架构高阶元模型如图 4-1 所示。

这个高阶元模型说明,事物都是由不同的构件组成的,构件之间具有相互联系,事物拥有或者可以为其设计作用于其构件的规律,架构设计的任务就是处理好这些关键点。

图 4-1 架构高阶元模型

以高阶元模型为基础,可以产生各种实例的元模型,比如 TOGAF 内容元模型、FSDM 的九大领域、DoDAF 元模型、价值链高阶模型等,这些都可以归类为这一高阶元模型的元模型实例,图 3-1,也是一个元模型实例。这有些类似"道生一、一生二、二生三"的逻辑,"道"就是架构观,"一"就是架构高阶元模型,二、三就是元模型实例。笔者拟在本章中提出的企业架构元模型也属于高阶元模型的一种实例。

掌握高阶元模型向下演化的思路,有助于读者在面对纷繁复杂的设计对象时把握构建实例元模型的关键点。逻辑设计在今后应对边界日益广泛的开放式架构设计需要时会变得非常重要,思维的逻辑性是架构师的必备能力。

4.2 聚合架构方法论的元模型

以高阶元模型的抽象结构为指导,本书基于笔者的实践与思考,采用了面向数字化生态、面向战略、面向构件的思路,以业务架构为核心构建了企业架构的元模型,以明确企业架构设计的核心要素及其关系。该企业架构元模型如图 4-2 所示。

图 4-2 中的战略元模型、组织元模型、业务元模型和业务构件元模型都属于业务架构元模型。按照笔者观点,这是传统业务架构与数据架构融合后的业务架构,应用架构元模型承接业务架构元模型,技术架构元模型实现应用架构元模型并在一定程度上受到业务架构元模型的约束。

图中标记了五角星的元素,为该元模型相较以往的方法论重点改良的元素。未标注连线的元素之间可以通过其共同连接的元素传递连接关系,比如"组织元模型"中"岗位"执行"业务服务","业务服

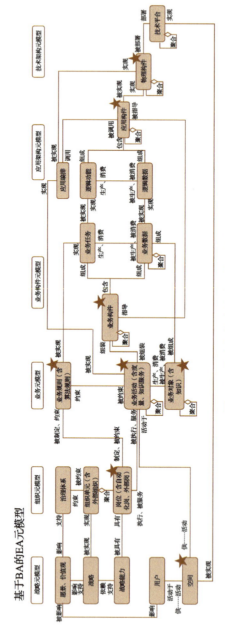

图 4-2 聚合架构方法论元模型整体图

务"活动于"空间",可以认为"岗位"也是活动于"空间"的,这种关系与数据建模中数据实体之间的关系类似,毕竟元模型本身也可以视为一种数据模型。4.3 节将分别介绍元模型的各个组成部分。

4.3 元模型详解

业务架构元模型包括战略元模型、组织元模型、业务元模型、业务构件元模型四个部分。

4.3.1 战略元模型

战略是企业发展的方向性指导,也是凝聚企业力量的关键,很多互联网企业都非常重视自身战略管理能力的建设,尤其是会影响企业文化的愿景、价值观等的能力。战略元模型如图 4-3 所示。

关于战略元模型,笔者考虑了"愿景、价值观""战略""战略能力""用户""空间"五个要素。

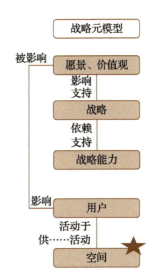

图 4-3 聚合架构方法论的战略元模型

1. 愿景、价值观

愿景和价值观通常是企业的长期目标,而且可以是少量"名言金句"类的表述,用于在深层次的认知层面统一企业所有人的意识形态，让所有人知道企业的长期发展方向，知道企业的"性格"。无论是传统企业还是互联网企业都很重视企业文化的建设，这是一种软环境，而文化的核心是认同感，认同感也就代表了一种价值判断，认为什么样的行为对于企业而言是合适的。提炼不出合适的愿景和价值观，就难以形成企业内部长期而一致的认同感，也势必影响企业中各级员工对战略主张的认同。但是，价值观又不能仅仅是提炼的文字，它是从企业领导者开始亲身实践的行为总结，没有领导者带头实践的价值观，就会成为仅要求员工遵守的行为准则，可以产生约束，难以产生动力。

2. 战略

战略是企业未来一段时间要实现的内容，可以表现为目标、任务、结果等。战略是受到"愿景、价值观"影响的，因为"愿景、价值观"决定了企业该做什么、不该做什么。战略是用来支持"愿景、价值观"的，因为没有付诸实践，愿景就成了空话；没有行动中体现出来的取向，价值观也就成了口号。

战略可以按时间划分为短期、中期、长期，一般对应1年、3年、5年的规划。战略绝对不可以做成"标题党"，而是必须成为企业真正的工作目标。由于现在的时代变化速度非常快，所以很多人认为1年以上的战略往往风险很大，调整的概率极高。但这并非企业可以不做战略的原因，反而说明企业需要加强战略管理能力，加强信息收集和判断能力。对于战略，我们不能因噎废食，就像我们不会因为航班会延误就选择不出行一样。对待风险通常有转移、分散、接受等基本策略，对待战略风险也一样，风险出现时，选择合适的应对策略即可。在战略的制定中最重要的是做好自己的判断，如果我们一味地追着别人的风向标跑，很容易面临不可预期的调整风险。战略的实现是依赖战略能力的。

3. 战略能力

我们经常批评"假大空"的战略，造成"假大空"的主要原因是没有对战略进行细化的能力分解，没有把战略落实为一项一项可以建设、可以实现的能力，没有来自于战略能力的支持，战略当然无法实现。所以，"假大空"问题的责任不在于战略，而在于没有对战略的实现进行更深入的思考。

4. 用户

现在很多商业理论都在强调"用户第一""极致体验"，对用户的重视程度越来越高。的确，企业能够存在的基本条件之一就是可以持续为用户创造价值，因此应该将用户放在其战略设计部分中，明确企业准备服务哪些用户。企业与用户之间是一种互动关系，所以，企业的"愿景、价值观"会受到其服务的用户的类型、范围、文化特征等方面的影响。当然，这种影响并非单向的，而是双向的。

5. 空间

空间是笔者面向数字化转型强调的战略级元素。按照笔者在《银行数字化转型》一书中的定义，数字化转型在技术实现上最核心的就是将人类在物理世界的生产和生活行为转向虚拟空间中进行，所以我们不能仅将空间看作渠道，而是要将其提升到企业战略设计中。这种提升可以是当前二维渠道向三维空间的跃迁，反过来讲，没有处理好可能会面临"降维打击"。读者可以参考之前银行与互联网企业在移动端的用户、场景争夺战，如果对空间的重视程度不够，无论是在用户服务方面还是在内部生产效率提升方面，都可能受到"降维打击"，用户、岗位、业务服务都是活动于"空间"之上的。

4.3.2 组织元模型

根据 TOGAF 的定义，企业是具有相同目标的一系列组织的集合。这是一个外延很宽的定义，并非特指通常认为的生产性、经营性企业。根据这个定义，企业其实本就没有内外部之分，而是一个目标导向的非固化集合体，很有今天常说的生态型、开放型企业的意味。

基于这种对企业概念的理解，组织元模型中包含的内容如图 4-4 所示。

组织设计是为了支持战略设计的实现，因此我们将组织元模型中各项内容结合战略元模型进行介绍。

1. 治理体系

治理体系描述的是企业的权力分配机制，主要是所有权、经营权和监督权之间的分配关系。治理体系在一定程度上会受到"愿景、价值观"的影响，尤其是"价值观"，如果利益相关方对组织价值观的认可不一致，通常会反映到权力分配关系上。

2. 组织单元

组织单元可以理解为事业部、部门、团队、临时团队等各种可以将多个岗位聚合在一起的形态。组织单元的设计由治理体系约束，治

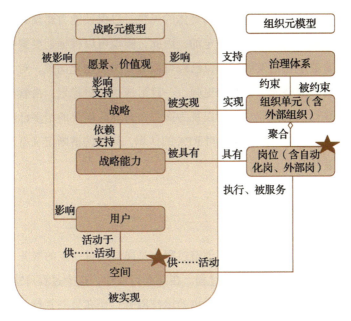

图 4-4 聚合架构方法论的组织元模型

理体系的分权设计会约束各个获得相关权力的利益相关者在自己职权范围的组织设计能力。同时,组织单元的设计也是由战略决定的,是为了践行战略而存在的。因此,组织设计是目标导向,即以战略为导向设计组织结构。组织结构可以是灵活的,因为组织是岗位的聚合,聚合关系表示岗位是更独立、更稳定的存在;而组织则可以根据需要灵活调整,也必须拥有这个能力。数字化企业应当采取开放式架构模式,因此,组织单元不分企业内外,只要是在生态建设中进行了某种连接的组织都可以体现在企业架构设计中。

3. 岗位

岗位代表的是在业务活动中出现的各类角色。岗位是能力和职责的集合，战略能力必须细化到具体的岗位，以保证能力建设有明确的指向和载体。岗位是相对稳定的，因此，岗位可以根据需要聚合成组织。随着数字化的发展，岗位已经可以转变为自动化岗位，对自动化岗位而言，战略能力的指向更强，一旦形成也会更稳定。由软件或硬件设备履行的具体职责都可以视为岗位，自动化岗位的增多已经逐渐成为趋势，例如不断深化的对 RPA 的认识。岗位的清晰定义有利于能力的积累和识别。

4.3.3 业务元模型

业务是企业实际的价值创造过程，是岗位通过一定的服务方式为用户（含内部）实现价值的过程。在某些行业中，这个过程可能很长，比如医疗行业为慢性病患者提供的治疗服务；而在另一些行业，这个过程可能非常短暂，比如互联网内容服务商提供的短视频服务。但是抽象来讲，所有的业务都是由用户、岗位、规则、服务、数据和空间等元素组织起来的。这些内容加起来，更像是今天大家常提及的"场景"，"场景"其实是一个影视剧术语，指在一定的时间、空间（主要是空间）内发生的一定的任务行动或因人物关系而构成的具体生活画面。业务元模型中包含的内容如图 4-5 所示。

1）业务规则。业务规则是由岗位制定的，是业务服务过程中必须遵守的约定，既包括常见的业务制度，如银行中大量的内部经营管理制度，也包括产品服务承诺，比如快递送达时间的承诺，以及数字化产品中经常出现的算法规则，比如用户画像到产品推荐过程中的各种算法，这些算法并没有被抽象成制度，但实际上比制度的可执行性、约束力更强。业务规则一旦形成，也会形成对岗位的约束。

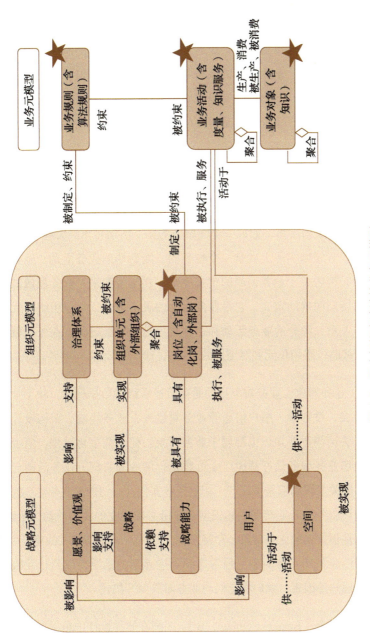

图 4-5 聚合架构方法论的业务元模型

2）业务活动。业务活动通常是由岗位遵循一定的业务规则执行的业务过程。从抽象角度讲，企业对外的营销活动、产品服务、售后服务、监管报送等，企业内部的战略制定、落实监督、目标制定、目标考核、架构设计、方法论研究等都属于业务活动。业务活动的服务对象可以是外部用户，也可以是内部岗位，业务活动总是在一定的空间中进行的。

业务活动会生产或消费（经常同时进行）业务对象。业务活动可以根据需要聚合成业务领域，也即，业务领域实际上是多个业务活动的聚类。从抽象角度讲，如果一个领域内的多个活动可以"无缝"连接，那一个业务领域实际上就是一个很长的、端到端的业务活动。经常有读者询问笔者关于业务领域的定义原则，在笔者看来，业务领域其实不需要特别明确的定义，它是业务活动的灵活聚合，类似组织单元与岗位的关系，细分的业务活动和业务对象是相对稳定的，业务领域可以根据战略、组织单元和对用户的理解进行灵活的定义与调整。

3）业务对象。业务对象指的是高阶逻辑级的数据模型，除了常见的申请表、报告单、用户信息等业务对象外，业务经验、架构设计成果、方法论等业务知识也都属于业务对象。面向数字化转型，笔者认为，一切业务服务最好都能产生可数据化的业务对象，业务活动与业务对象的关系识别就是实现"一切业务数据化，一切数据业务化"的起点。知识服务是企业转变成知识型企业所必须建立的业务活动，所以，知识也是很重要的业务对象。严格来说，"愿景、价值观""战略""战略能力"也属于业务对象，但考虑到上述元素的重要性以及让元模型更容易理解等因素，我们将它们与业务对象分开描述。

业务对象（Business Object，BO）一词在软件设计中也指对数据进行检索和处理的组件,包含状态与行为两部分,但是笔者本处使用该词仅指业务人员对业务处理对象的认知,是数据模型建立初期的识别过程的产物,是用于后续细化数据实体的输入。

业务对象也有聚合能力,可以向上聚合成更高阶的业务对象主题域,而是否要执行这一聚合则是可选项,执行聚合通常是指为了更好地确认业务对象之间的关系和业务对象识别的完整性。

4.3.4 业务构件元模型

业务构件是业务架构中构件设计的关键,是提炼用于组装业务服务的基础元素。业务构件元模型中包含的内容如图4-6所示。

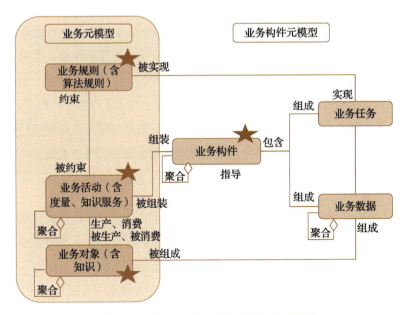

图4-6 聚合架构方法论的业务构件元模型

1）业务构件。业务活动可以发生一定的变化，与支持活动的基础能力相比，业务活动是不够稳定且可变的，如同岗位与组织之间的关系。业务构件是对业务行为和业务数据的"封装"，战略能力通过岗位传递到岗位执行的业务活动上，进而沉淀在业务构件中包含的业务能力上。业务构件可以按照业务活动的需要进行组装，这是对业务的结构化。业务构件可以聚合成业务组件，聚合的依据则是不同业务构件包含的业务数据之间的业务关系。这种定义要遵从业务的理解，其表达也应是业务人员可以理解的。业务构件的设计要尽可能减少行为重叠，行为重叠会造成资源浪费。但在实际业务中，完全不重叠可能较难实现。尽可能避免数据重叠，数据重叠会造成耦合，并向开发侧传递数据一致性问题。业务构件应尽可能被技术人员以系统化的方式实现，但并非所有业务构件都可以实现系统化。

2）业务任务。业务任务是实现业务预想结果所必须执行的一系列动作，可以固化成一段操作过程、一个具体的操作动作或一连串软件行为。业务任务在执行过程中会消费或产生一定的业务数据，无论是否是由业务系统支持的执行过程。可能有一些业务行为不易数据化，比如与用户共情，但是不应放弃以数据进行描述的努力。业务规则也可以被直接实现为业务行为，比如特定风控规则的实现会表现为针对特定场景的风控行为。

3）业务数据。业务数据是对业务对象状态以及业务任务执行过程与结果的描述。业务数据可以组成业务对象，这意味着不同的业务对象可能具有部分相同的业务数据。业务对象是概念级的数据模型，而业务数据是逻辑级的数据模型。业务数据应当具备企业级的唯一性，以满足数据标准化的要求，建议遵从三范式的要求。业务数据可以聚合成主题域，以表现具有一定联系的数据集合，并为业务构件的聚类提供判断依据。

4.3.5 业务架构元模型

业务架构设计是结构化分析、设计企业整体业务能力的过程，包括了对战略、组织、业务、构件的分析与连接。本书提出的业务架构元模型所代表的业务架构设计模式并非全新的、颠覆性的业务架构设计模式，依然是在传统企业架构方法论上的演进，其自身的特点主要集中体现在对业务的深入构件设计上，这是实现真正的构件开发模式的基础。以往的构件开发实践（模块化、SOA、微服务等）在业务侧的分析不足，更多聚焦在技术侧的设计，缺少对业务人员结构化思维的培养和对业务自身的构件设计。如果业务自身没有很好地进行构件设计，通常技术侧也不会产生好的构件设计。

与其他企业架构方法论相比，本书提出的业务架构元模型弥补了 FEA、DoDAF、DDD 等方法论在企业整体分析方面的不足；与 Zachman 框架、TOGAF、CBM 等方法论相比，提高了业务分析方面的结构化程度，提高了业务与数据在分析过程中的结合程度；与中台方法论相比，对业务分析具有更清晰的指导作用；与 BIAN 相比，更注重业务与数据的结合，更注重战略、组织、业务之间的连接，并且希望将这种连接显性化，同时也更注重与技术侧的连接。本书提出的业务架构元模型也涵盖了对知识的管理。

业务架构元模型包含的内容如图 4-7 所示。

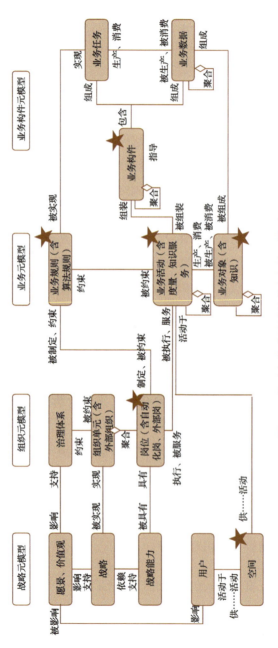

图4-7 聚合架构方法论的业务架构元模型

4.3.6 应用架构元模型

应用架构是业务架构与技术架构的连接环节，业务的结构化分析成果通过应用架构转化为逻辑服务、逻辑数据并由技术架构最终实现。经过应用架构设计，业务需求转化为技术需求，尤其是功能性需求，因此元模型也聚焦于功能性需求的连接上。应用架构元模型如图 4-8 所示。

1）逻辑功能。逻辑功能是根据业务任务设计的，逻辑功能会生产或消费一定的逻辑数据，因为是面向系统设计的，所以逻辑功能必须生产或消费逻辑数据。逻辑功能会组成应用构件。业务任务与逻辑功能之间可以不是严格的一对一关系，但考虑到整体能力地图的清晰性，应该尽可能保持业务能力对逻辑功能的一对一、一对多关系（以一对一关系为主，一对多关系主要是考虑实现的制约）；应尽可能减少业务能力对逻辑功能的多对一关系，这种关系意味着业务构件的边界重叠。

2）逻辑数据。逻辑数据同样是逻辑级数据模型，但是考虑到设计实现，与业务数据相比，可以适当进行"降范"，考虑派生数据等，并允许一定程度上的冗余，但这不意味着无限放开冗余，而是在考虑设计必要性时放开。主题域由业务数据聚合而成，逻辑数据是"降范"的业务数据，因而不再考虑通过聚合的方式定义这一层级的主题域。

3）应用构件。应用构件是对逻辑功能和逻辑数据的"封装"，是技术层面设计的"积木块"，是构件设计在技术侧的体现。应用构件的设计要以业务构件为指导，尽可能保持一致，以确保业务侧对业务构件的可组装预期能够顺利过渡到技术侧对应用构件的可调用设计。应用构件可以聚合成应用组件（相当于逻辑子系统），组件可以辅助开发

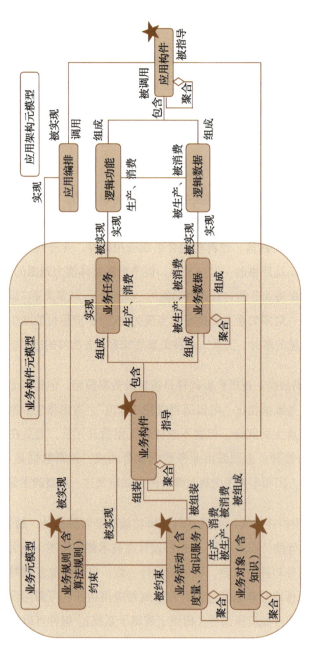

图 4-8 聚合架构方法论的应用架构元模型

任务的分工。组件可以再聚合成应用架构的分层,但是应用架构的分层无须在元模型层级展现。

4)应用编排。业务活动通常是经过一定的过程来实现的,在业务侧,笔者将其定义为业务活动对业务构件的组装;在技术侧,笔者将其定义为应用编排对应用构件的调用。应用编排反映了技术侧对业务活动过程的实现,但需要注意的是,业务活动的范围可能大于应用编排,这意味着存在线上线下协同的场景。此外,应用编排也有可能出现不同层级的调用,也即,应用编排可能调用其他应用编排,这通常意味着更大范围的业务活动之间的组合。但是,考虑到应用的不稳定性,设计过于复杂的应用间调用需要慎重。

4.3.7 技术架构元模型

技术架构是对应用架构的物理实现。技术架构本身是非常复杂的,但是考虑到元模型面向的是企业中业务和技术两侧,因此技术架构中对元模型要素进行了高度简化。技术架构元模型如图 4-9 所示。

1)物理构件。物理构件是应用构件的物理实现,物理构件也包含功能和数据,但是技术架构并非本元模型的重点关注内容,因此无须在元模型层级详细展现。物理构件可以聚合成物理组件。

2)技术平台。技术平台用于实现物理构件(或者聚合后的物理组件),可以基于特定技术类型建立平台,如人工智能、区块链、大数据等平台;也可以基于语言类型划分业务功能平台,如 C 语言、Java 语言等平台;也可以基于特定目的建立平台,如监控平台、任务调度平台等。技术平台还可以聚类成技术架构的分层,但技术架构的分层属

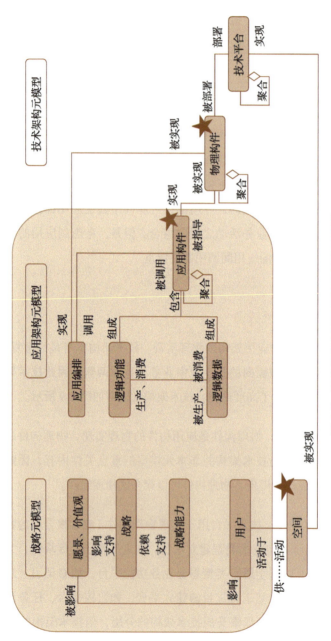

图 4-9 聚合架构方法论的技术架构元模型

于聚合元素，无须在元模型层级展现。

出于对数字化转型的特殊考虑，虚拟空间构建技术是未来技术发展的焦点，因此，战略元模型中的"空间"元素越过了"应用架构元模型"，直接对应到了"技术架构元模型"中的"技术平台"上，这也反应了业务架构与技术架构之间的联系方式。搭建虚拟空间需要的技术平台应该在企业实力允许的情况下，以战略级的发展要求进行尝试。

4.3.8 元模型中的关键链条

构件设计并非只是技术侧的问题，而是需要业务与技术两侧的共同努力，因此，从业务架构开始，有一条关键链条影响着构件设计的最终实现效果，如图4-10所示。

这个关键链条上元素定义的一致性或者说映射关系的清晰性决定了构件设计的最终效果，以往的企业架构设计或者软件设计没有很好地解决从战略分析开始到最后技术实现方面的一致性问题。

元模型并不意味着软件设计会被复杂化，因为无论采用何种策略进行软件开发，最终开发结果都会映射到这些元素上，而难以令人满意的开发结果往往会缺少该链条中的某些元素，或者没有做好某些元素的设计。我们没有任何理由忽略这些设计元素，任何对这些元素的忽略最终都会导致技术债务。

同样，元模型也不意味着软件设计会大幅度简化，而是更加清楚地展示了重要的元素及其关系，加强架构师、开发人员对设计重点的关注，提供一个更有效率的分析路径。

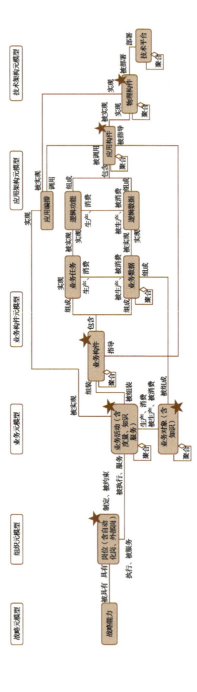

图 4-10 聚合架构方法论元模型的关键链条

从这个链条上看，详细分解战略能力、标准化岗位设计、持续优化业务流程、标准化管理企业数据、与业务保持一定程度的一致性去设计应用构件，是实现高效的构件开发的必要条件，这也是其他开发模式不可忽略的要素。

当然，这并不意味着没有对这些元素的万全设计，就不能进行软件开发，而是应当通过元模型使我们对架构关键点的认识更清晰，知道有哪些"坑"需要持续去填，也知道填"坑"的意义。

4.4 基于元模型总结的架构治理原则

综合对上述元模型的介绍，我们可以提炼出一些用于指导企业架构设计与演进的治理原则。这些原则包括总体原则和操作性原则两类。

1. 总体原则

1）尽可能遵循康威定律，以弥合组织与系统之间存在的差异。

2）在总体上尽可能考虑基于构件的设计，以便扩展。

3）企业架构的分析过程中尽可能保持行为（业务）与数据的强关联。

4）企业架构设计尽可能保持简洁，突出关键要素，不要在企业复杂度上额外叠加架构复杂度。

5）企业架构设计本身不会替代需求分析，不必增加过多细节。

6）企业架构设计最终要形成企业能力地图，因此企业架构与业务系统的实现和演进过程紧密相关，业务系统的实现和演进都应基于企业架构设计进行。

2. 操作性原则

1）业务架构必须可以被业务人员理解并认可，因为这是对业务的结构化过程。

2）业务架构面向的是企业全部业务，因此，业务架构范围可以大于应用架构范围。

3）愿景应当具有一定的用户指向。

4）价值观必须是由企业领导者带头实践的。

5）战略必须是可实现、可分解的，模糊的概念不应成为战略。

6）战略在其执行周期内是可调整的，其可调整能力是由企业架构支持和决定的，架构的弹性决定了战略的实际可调整能力。

7）战略能力必须是可建设、可积累、可重用的，转瞬即逝的临时性需求不应成为战略能力。

8）对空间能力的建设必须持续给予战略级的关注。

9）治理体系应该反映企业价值观。

10）组织单元设计必须支持战略实现，因此必须具有灵活性。

11）为了支持组织单元的灵活性，岗位必须相对具有更好的稳定性，岗位必须承载战略能力并且容易被识别，以支持对组织单元的灵活聚合。

12）业务规则最好能够进行适度的抽象和剥离，以便与业务活动、业务任务进行结合和调整。

13）业务活动设计应保持内聚性和可聚合能力，需要关注活动颗粒度，并与业务对象紧密结合。

14）业务活动可以聚合成业务领域，这将保持业务领域的灵活性。

15）业务构件应当同时包含业务任务和业务数据，这样的构件才是独立而完整的。

16）业务构件设计应当减少构件之间业务能力的重叠，避免构件之间业务数据的重叠。

17）业务构件可以聚合成业务组件，聚类主要依据其包含的业务数据对应的业务关系。

18）业务构件应尽可能被系统化实现。

19）战略能力最终应当沉淀在业务任务和业务数据上。

20）业务数据必须具有企业级的唯一性定义，应尽可能将业务对象数据化。

21）业务任务到逻辑功能应尽可能保持一对一或一对多关系（以一

对一关系为主,一对多关系主要是考虑实现的制约),尽可能减少逻辑功能到业务能力的一对多关系。

22)逻辑数据允许"降范"设计,但是不意味着无限放开。

23)应用构件的设计应尽可能与业务构件保持一致。

24)应用之间可以互相调用,但设计复杂的应用间调用应当慎重,设计应用间调用时要考虑被调用对象的变化是否需要传给调用者,如不需要,意味着不做应用间调用更合适。

上述原则可以作为实践该元模型的参考,可以基于上述原则在实践中进一步总结和提炼适合具体使用环境的架构治理原则。

4.5 聚合架构方法论元模型特点总结

按照笔者自己提出的架构观,本章已经详细介绍了聚合架构方法论元模型中的元素、关系,并总结了其设计和演进原则。本节总结本元模型的特点。

1. 业务架构是元模型关注的重点

前文曾经介绍过,各类企业架构方法论差异最大的部分是业务架构,因为应用架构、技术架构都有相对独立而清晰的架构风格,比如应用架构中的单体、SOA、微服务,技术架构中的集中式、分布式,但是业务架构始终没有清晰的架构风格。每种企业架构方法论都在试图用自己的方法解释其对业务的理解,而且多数方法论都难以很好地、完整地从企业视角深入结合业务和技术两端。

在信息化过程中,功能实现始终是系统开发的首要目标,而构成强约束的目标经常是尽可能在周期内完成实施计划。但是面向数字化转型,业务的全面数字化、技术对业务模式的深刻改造等都已经超出了原有业务与技术之间"听需求,搞开发"的模式,因此,强化业务架构设计,提升需求侧管理势在必行,也必须有方法论作为提升效率的指引。业务架构是企业架构设计的起点,也是终点,这才能构成企业架构实践层面的闭环。

TOGAF 的内容元模型中,占比最大的部分也是业务架构部分,但是实际操作中往往没有给予业务架构相应的关注度。

2. 抽象度较低的元模型

元模型应用比较有特色的两个企业架构方法论是 TOGAF 和 DoDAF,其中 TOGAF 中的内容元模型覆盖度虽然比较高,但是也很抽象,一些概念不易理解,且相关要素在实际应用中使用并不多,导致重点不突出;DoDAF 的元模型具有更好的结构性和可扩展性,但是 DoDAF 相对 TOGAF 而言,过于集中在数据层面。

抽象度高虽然意味着更好的适应性,但是会让人难以理解,所以,本元模型采取了降低抽象度的方式,旨在指明重要设计要素,而非对所有要素的完整覆盖。一套过于全面的元模型可能未必有实际应用上的意义。

3. 与过程结合的元模型

本元模型的设计方式是与企业架构的设计过程结合在一起的,阐述了各个设计过程中的重要设计要素以及要素间的主要关系。这对于通常需要分段执行的企业架构设计而言，是一种对实际操作过程有指导作用而非仅面向要素结构关系的元模型。这样的元模型可能更有利于操作者掌握。

4. 提供了有弹性的灵活架构

元模型中提供了几个关键元素的聚合能力，其中，岗位与组织的聚合关系、业务活动的聚合能力提供了组织、业务层面的弹性调整能力；业务构件、业务对象、业务数据、应用构件、物理构件的聚合能力提供了基础架构元素组合高级架构表示的能力，使业务架构、应用架构、物理架构可以在具有一定联系的条件下进行同步的灵活调整。这种以聚合能力为特点的元素关系可以同时提供"自上而下"与"自下而上"的设计能力，无论是整体规划还是重构，都可以得到元模型的支持。

除上述特点外，该元模型没有增加新概念，"如无必要，勿增实体"。这一元模型不仅适用于本书介绍的方法论，还适用于读者在对它的理解、借用、改良的基础上去发展自己的方法论体系。其实，本章最需要读者认识到的是元模型的重要价值，它是描述一个方法论核心内容的方式。如果企业或读者想自己尝试总结方法论，一定不要忘记对自己的元模型进行提炼。

| 第5章 |

业务架构表达工具：业务模型

企业架构方法论中应当包含如何选择实现工具的建议。按照本书的观点，业务架构是聚合架构方法论的核心，就操作性定义而言，业务架构又是一种结构化企业能力分析方法，所以，本章重点介绍对业务架构描述至关重要的业务模型。其他有助于实现企业架构某一环节的设计工具或者方法将在第三篇中介绍。

学习建模之前，读者需要明确一点，企业架构是设计的结果（或者说是内容），而建模是一种表达方式，二者像是句子和语法的关系。建模是有规则的，就像语法规则一样，采用不同的建模方法就像采用不同的语法规则，依据不同的语法规则说出来的句子可能表现有所不同，但是其意思应当是等效的，描述的对象都是企业架构，企业架构的实质不应因为采用的表述方法不同而出现本质性差异。

5.1 模型与业务模型

在介绍业务模型的定义之前，我们需要先从模型的定义讲起。模型的定义有很多种，不过，笔者觉得有一种定义比较容易理解：模型是所研究的系统、过程、事物或概念的一种表达形式，也可指根据实验、图样放大或缩小而制作的样品。

很多人一谈起模型就认为模型是抽象的。模型设计过程中很重要的一点的确是抽象，这种说法对软件开发人员而言并无不妥，但是对于理解模型的定义而言，还是有些狭隘了。模型也可以是具象的，可以是实物，比如售楼处常见的楼盘模型，古时的工匠为皇家修建故宫、亭台楼榭时，也会先做出精巧的木制模型，而且是与实物构造一模一样的"高精度"模型。模型不仅可以是真实的事物，也可以是虚拟的，只要想象力足够丰富，即可创建虚拟模型，比如高达、变形金刚等玩具模型。模型当然也可以是抽象的，比如软件开发中常用的实体模型、时序图、状态图、用例图等。图 5-1 是几种常见的不同类型的模型。

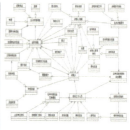

建筑模型　　　　　高达玩具模型　　　　　对象模型

图 5-1　各类模型示意图

其实我们所说的话也可以视为一种模型，它是我们头脑中某种想法的表达，表述的过程即可看作是建模的过程，同时我们的表述还遵循了一定的语法规则。所以，模型并不神秘。对于业务人员而言，工作时经常会画的业务流程图也是一种模型，与软件开发中所用的模型相比，无非是在建模视角和抽象程度上的差别而已。

理解了模型之后，我们再来看一下业务模型。套用上文所述的概念，业务模型就是按照建模规则对业务进行的表达，依据实际需要设定业务的范围。如果只是针对一个产品，那么业务模型可能就是对产品的设计、生产、销售、使用、售后管理过程的描述，其中还要包含所有参与方的目标、活动、角色、职责等；如果针对的是一个大型企业，那么业务模型的范围就可能包含多条产品线，每条产品线都有不同的业务过程，而所涉及的参与方也会更多、更复杂。

所以，业务模型最主要描述的就是组织及其运作过程。企业的业务模型有一个最高阶抽象的三角形，如图 5-2 所示。

这个三角形可以涵盖一切盈利性企业的基本行为，企业为生产而投入成本，产品或服务销售后获得收入，而衡量企业业绩的最基本方法就是计算收入减去成本所得的利润。

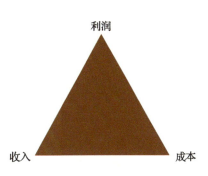

图 5-2　企业高阶概念模型

所有企业的行为都可以从这个三角形出发进行分析。企业确定向哪些人销售自己的产品或服务，这就体现了企业自身的价值定位。

企业准备组织哪些人进行生产、销售，在什么样的渠道上销售，为此投入什么样的资源，这就是企业的生产和销售流程；收入和成本都需要记账，这就是财务会计的流程；对利润实现情况的衡量、盈亏原因的分析等，都体现在管理会计中。

所有的行为都会产生数据，这些数据是做系统设计时的必要输入，是结合业务流程做架构分析的基础。从这个最高阶的核心模型出发，可以演化出整个企业的业务过程，可以模型化地分析一个企业，这就是所谓的"大道至简，衍化致繁"。理解或者设计高阶模型，其实就是一个抓"重点"的过程，而不仅仅是所谓的抽象过程。

5.2 常见的流程建模方法

本节将从流程模型和数据模型两个角度介绍常见的建模方法。

1. ISO 9000 模型

业务人员在业务学习过程中很容易接触到流程模型，比如 ISO 9000 质量体系中会使用的流程模型。ISO 9000 质量管理体系是国际标准化组织（ISO）制定的国际标准之一，是指由 ISO/TC 176（国际标准化组织质量管理和质量保证技术委员会）制定的所有国际标准。该标准可以帮助组织实施并有效运行质量管理体系，是质量管理体系通用的要求和指南。

1992 年，我国等同采用 ISO 9000 系列标准，形成了 GB/T 19000 系列标准。随后，各行业也将 ISO 9000 系列标准转化为行业标准。申请 ISO 9000 质量认证的企业，通常要绘制企业的业务流程图。流程图的样式为垂直职能带型，通常使用 Visio 工具进行绘制，参见图 5-3 所示的样例。

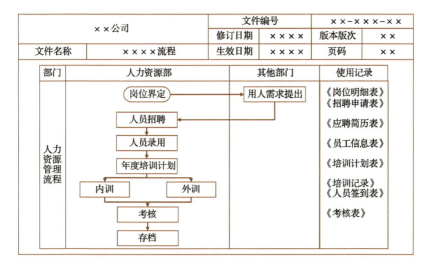

图 5-3　ISO 风格流程示意图

ISO 9000 模型对业务人员比较友好，但是，将其应用到软件设计领域，则会出现表达深度不够、对技术分析而言有所不足的问题。

2. BPMN 模型

业务流程建模与标注（Business Process Model and Notation，BPMN）模型是由 BPMI（The Business Process Management Initiative）开发的一套建模标准语言。2004 年 5 月，BPMI 正式发布了 BPMN 1.0 标准，其后，BPMI 并入 OMG 组织，OMG 于 2011 年推出 BPMN 2.0 标准，对 BPMN 进行了重新定义。

BPMN 的主要目标是为所有业务用户提供一些易于理解的符号，支持流程的创建、分析和实现，直到最终用户的管理和监控。开发 BPMN 的核心目标就是要构建一座从业务流程建模到 IT 执行语言的桥梁，因此 BPMN 的出现填补了从业务流程设计到流程开发的空白。

BPMN 的工具较多，图形元素比较丰富，很容易在网上找到一些范例和工具介绍，如图 5-4 所示。

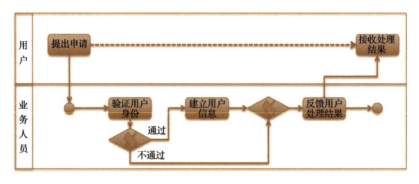

图 5-4　BPMN 流程图示例

作为建模语言，BPMN 的表达能力很强，其元素的核心集包括含事件、活动和网关在内的流对象（Flow Objects），含顺序流、消息流以及关联在内的连接对象（Connecting Objects），含数据对象、文字注释和组在内的人工信息（Artifacts），以及作为图形化容器的泳道。

对于业务人员而言，BPMN 需要一定的学习过程，业务人员通过学习不难掌握 BPMN，还可以将其应用到业务工作中；对技术人员而言，BPMN 除了可以正常辅助业务分析外，还可以用于工作流引擎设计。

3. UML

统一建模语言（Unified Modeling Language，UML）是非专利的第三代建模和规约语言，技术人员非常熟悉。UML 可应用于一系列最佳工程实践，这些最佳实践在对大规模、复杂系统进行建模方面，特别是在软件架构层次中已经被验证有效。

UML 体系中包含了 3 个主要的模型。

1）功能模型：从用户的角度展示系统的功能，包括用例图。

2）对象模型：采用对象、属性、操作、关联等概念展示系统的结构和基础，包括类图、对象图。

3）动态模型：展现系统的内部行为，包括序列图、活动图、状态图。

由于 UML 在开发中已经被广为使用，因此本书不再赘述其示例。UML 对技术人员比较友好，但是其缺点也十分明显，就是对业务人员非常不友好。UML 的部分示例图如图 5-5 所示。

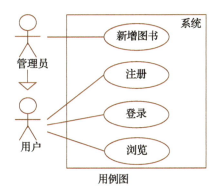

图 5-5　部分 UML 模型示意图

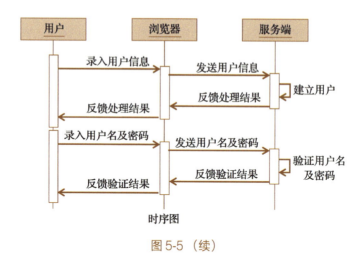

图 5-5 (续)

5.3 常见的数据建模方法

读者可以通过一些专著,以及很多系统分析、软件工程的教材来广泛地了解数据模型的建模方法。在数据方面多投入时间是非常有必要的,数据模型的质量可以说是业务模型整体质量的基础,对后续设计的影响非常大。本节将介绍两种比较常见的数据建模方法。

5.3.1 FSDM

FSMD(Financial Services Data Model)诞生于 20 世纪 90 年代,是 IBM 针对金融行业核心应用系统或者数据仓库推出的数据模型。作为大型主机及相关开发服务的主要供应商,IBM 在这方面有独特优势,而金融行业也曾长期是大型主机的 VIP 级用户,所以,IBM 得以根据其丰富的行业经验设计出这一很经典的行业级数据模型。

FSDM 是一种分层级的、逐级细化的数据模型,包括 ABCD 四个大的层级,具体分层如图 5-6 所示。

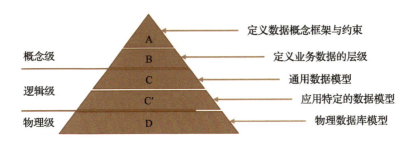

图 5-6 FSDM 数据模型的层级

顶级分类指的是 A 层级的概念级模型。FSDM 囊括了银行约 80% 的业务数据,并将数据分为九大类,分别是关系人、合约、条件、产品、地点、分类、业务方向、事件、资源项目,这九大类的具体定义如表 5-1 所示。

表 5-1 FSDM 九大类简介

分类名称	简称	定义
关系人	IP	银行各项业务开展过程中的相关各方,个人、机构、柜员
合约	AR	参与者之间达成的合约、合同、协议等
条件	CD	描述银行的业务正常开展所需要的前提条件、资格标准和要求
产品	PD	产品是为客户提供的、以换取利润的产品和服务,产品也包括合作伙伴或竞争对手的产品和服务,是金融机构销售或提供的可市场化的产品、组合产品和服务
地点	LO	参与人相关的所有地址,如家庭地址、公司地址、邮政信箱、电话号码、电子地址、网址等或地理位置区域
分类	CL	适用于其他数据概念的分类或者分组
业务方向	BD	银行或参与人开展业务所在的环境和方式

（续）

分类名称	简称	定义
事件	EV	指参与人和银行的交互，以及银行内部的业务交互，它包含最详细的行为和交易数据，例如存款、提款、付款、信用/借记卡年费、利息和费用、投诉、查询、网上交易等
资源项目	RI	指银行有形或无形的有价值的资源项目，是银行拥有、管理、使用的或支持特定业务目的的资源项目

这个框架可以将数据实体、数据属性进行归类，形成统一的企业级逻辑模型。当然，这是 IBM 的经验总结，并不是唯一解，其他行业也需要逐步建立自己的参考模型，这有助于企业间定义服务接口，做好生态连接。

对于如何构建符合上述分层分类原则的数据模型，IBM 也给出了一套方法，如图 5-7 所示。

图 5-7 中的数据建模方法可以视为一个自顶向下的过程，在 A 级的九个大领域约定了所有数据的高阶分类，在 B 级基于业务人员的解释、概念、印象等，形成了一个初步的、分级的数据聚类。这就是"层次化的概念术语"的含义，将业务信息进行组织，便于初步认识数据关系，由于采用的是业务人员的视角，因此也是便于业务人员理解的。之后，高阶 B 要逐步细化为完整 B，这样分类模型才能比较精确。不过这个精确也是相对的，因此我们称之为"概念模型"，或者读者也可以将其理解为基于概念的模型。

到了 C 级就是了解数据模型的读者比较熟悉的数据实体了，也就是实体 – 联系图（Entity Relationship Diagram，ER 图）展现的内容。数据实体大致可分为基础实体（一个数据主题域中最重要的实体）、扩展

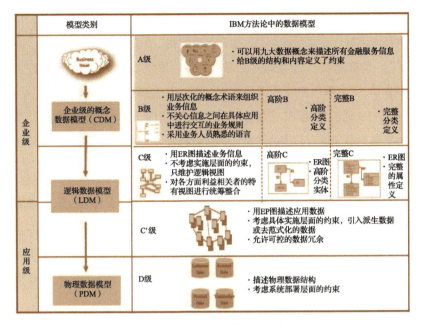

图 5-7　IBM 的数据模型层级介绍

实体（与基础实体相关联，补充描述基础实体的数据实体）、关系实体（表达实体间关系的实体，主要用于处理多对多关系）。当然，数据实体在识别上难以一次到位，也有一个从高阶 C 到完整 C 的过程。高阶 C 依然是业务视角的，只需要识别实体即可，不需要到属性级。笔者在元模型中提及的业务对象就属于高阶 C。

业务人员与数据建模人员看到的"实体"是不一样的，以业务合同为例，一个业务合同可能有几十个甚至上百个业务信息。业务人员有可能看到的就是一个"合同"实体，数据建模人员可能看到的是参与人、产品、合同、担保等不同的"实体"。对这个过程加以利用，也是一个业务与技术"融合"的机会。

C 模型的范式要求比较高，不可以冗余，不可以有派生数据，也就是所谓的计算之后的结果，也即基础数据。但是也有特例，比如"余额"。严格来说，"发生额"是基础数据，比如每次取了多少钱、存了多少钱，"余额"应该是派生数据，是"发生额"的累次汇总，但是，在 FSDM 的 C 模型中，"余额"是作为基础数据的。所以，有时候，基础数据的定义也未必那么严格，建模时需要做必要的权衡。

由于范式要求太高，在实际使用时难免在各个领域需要做些拓展，有些拓展不是靠定义子实体就可以完全解决的，也有些数据会出现冗余。所以在应用架构设计阶段，为了满足不同领域的需要，会做一定的"降范"处理，也就是根据领域需要设计可以冗余、可以有更多派生数据的 C′ 模型，以增加模型的灵活性和适用性。由于我们是在 C 模型的基础上增加的属性，因而不会破坏 C 模型的逻辑。

最后才是数据库设计阶段，在 C′ 模型的基础上，综合数据的存储、读取、技术数据等因素，进行 D 模型设计，指导物理库表设计。

这是一个完整的设计方法，实际上，从概念级到逻辑级再到物理级是很多数据建模的书和文章主张的标准建模方式，但是在实际工作中，时常见到的是为了"方便""快捷"而在大致了解了需求之后直接进入库表设计，也就是快速走向 D 模型建设。这之后给出的 ER 图实际上就是库表关系图，业务数据、非业务数据都混杂在一起，等之后感觉到系统处理效率低，想完善或重构的时候，才发现库表逻辑几乎无法理解，又得重新梳理。从库表反推逻辑模型是一个痛苦甚至难以完成的任务，所以，有时候"快"可能只是把"慢"留给了别人。

传统方法处处显得都很"慢"，但是现在数据治理越来越重要，尤其是主数据的识别与管理。虽然 IBM 的方法中没有给出单独的主数据管理，但是主数据的识别本身可以结合在数据建模过程中。另外，在数据资产管理方面，传统方法的确略显单薄，尤其是在"数据中台"兴起后。但是，数据建模依然是数据资产管理的基础，数据资产的识别、分类仍旧是数据建模的识别、分类过程，只是在对数据资产的利用、评估方面进行了创新。

5.3.2 通用数据建模方法

除了 IBM 的方法论，还有更为通用的数据建模方法论，可适用于更多行业。该方法论将数据的顶级分类聚合成六大领域，如表 5-2 所示。

表 5-2 六大领域简介

种类	定义	示例
谁	对企业有益的人或组织，即"业务中，谁是重要的"。通常与某一角色关联，如"顾客"或"供应商"	员工、客户、赞助者、学生、旅客、作者
什么	对企业有益的产品或者服务，通常可以理解为组织会把什么保留在业务内，即对业务而言重要的东西是什么	产品、服务、歌曲、图片、课程
何时	对企业有益的日程或时间间隔，即业务何时运作	时间、日期、月、年
何地	对企业有益的位置，位置可以是一个实际的地点，也可以是一个电子化的虚拟场所，即业务在哪里开展	邮件地址、网址、IP 地址
为何	对企业有益的事件或交易，这些事件保证业务的运转，即业务运转的原因	订单、召回、交易、借款、声明
如何	对企业有益的事件的文档，文档用来记录事件，如"采购订单"里记录了一次订购事件，即在业务中事件如何被跟踪	开票、签约、交易确认、装箱

建模操作方法类似，也是将数据建模过程划分为概念级、逻辑级和物理级，逐层识别实体和属性，描述实体间关系，但是在实体的定义、关系描述方面与 IBM 的方法略有区别。比如，IBM 中数据实体分

为基础实体、扩展实体和关系实体三类,但在这一方法论中只有强实体和弱实体两类。

关于详细建模方法,推荐读者阅读 Steve Hoberman 所著的《数据建模经典教程》一书,本书不再赘述。

FSDM 和通用数据建模方法都比较适用于关系型数据库的逻辑设计。除此之外,也还有其他的数据建模方法。通常来讲,技术实现一般不会影响建模的逻辑表达,但是有些特殊类型的技术实现方式确实要求逻辑模型的建模方法也有所不同,比如图数据库的建模方法就与关系型数据库的建模方法不同。

总之,多学习些数据建模、数据架构、数据治理方面的知识,对业务建模工作大有裨益。

5.4 本书推荐的建模方法

传统的建模方法一般会将流程建模与数据建模分开进行,但按照本书的观点,这两个建模过程应该结合在一起,从建模分析到建模结果,都应当具有直接的联系。软件设计主要研究的是行为和数据,业务架构之所以能够成为业务与技术的桥梁,不仅因为其分析方法的结构化特征,更在于它能够阐明业务行为与业务数据之间的关系,从而与软件分析、应用设计之间建立连接。如 1.4 节中介绍的 DDD 模型一样,传统方法应当充分借鉴这种更有利于衔接业务与技术思维方式的表达方法。其实,从技术角度看待一个"构件"也是将行为与数据结合分析的,比如面向对象语言中的类、DDD 中的实体、微服务中的服务等。

本书建议将现有概念下的业务架构与数据架构合并为新的"业务架构",但是笔者也说过,这不是取消数据建模、数据模型的意思,而是将二者在建模过程中结合。

对于业务建模,笔者比较推荐 BPMN 方法,因为 BPMN 表达能力丰富,总体而言面向业务但兼具业务和技术友好性,而且 BPMN 的建模方法也有比较成熟的资料,学习成本较低。当然,完整的业务建模还要结合战略分析、价值链方法、用户旅程等,本书会在后续设计指南中详细介绍。

本书推荐继续以 ER 图表示法为主建设数据模型,在工程实践中注意加强概念级和逻辑级建模,但是目前的实践经验表明,在应用架构阶段进行数据分析时降范操作是很正常的。降范并不代表无限开放,而是要保持对数据含义理解的一致,这是在企业级范围实现有效的数据管理的基础。金融领域可以参考 IBM 的方法论,对于其他领域,特别是没有行业参考模型的领域,可以参照通用数据建模方法论。

相比于 DDD,笔者建议继续使用传统的数据实体划分方式,因为流程模型与数据模型的配合也可以表达行为与数据结合的设计,具有"直达"应用架构的效果。从传统的数据实体切换到 DDD 的实体概念,例如聚合根、值对象等概念,可能会带来额外的学习成本。虽然理论上二者可以形成近似于等价的设计结果,但相对而言,传统的数据实体分析方法更利于企业级的数据管理。

笔者在此再次强调,不深入结合业务,忽视概念级、逻辑级数据模型的价值而直接进行近似于物理级的数据设计，可能是当前数据建模领域存在的主要问题，这并不需要通过"改换门庭"来解决。

另外，笔者还想谈谈实际操作建议。

业务建模和数据建模不应分别进行，而应该同步开展，二者在模型表达上也应该结合紧密，以 BPMN 语法中的任务为基础，将任务中关联的数据实体在任务的描述中表达出来，并根据任务与数据的关系考虑任务边界的切分，按照"高内聚、低耦合"的原则形成边界重叠尽可能少的"构件"。

这一过程可能需要经历一定的反复甚至重构才能达到较为理想的程度，但这并不妨碍架构设计的正向开展，毕竟，任何一种架构方法设计出来的架构成果都是需要打磨的。

笔者提出的流程模型与数据模型的配合也不意味着要在建模方法上做很大的变更，方法论的发展未必是对方法论的彻底改变，更重要的是视角的调整，将可能导致分离的视角紧密结合，将不需要纠缠的视角分开。而当前我们对于数字化的关注，以及对于业务架构与应用架构衔接的关注，其实是要求我们尝试将业务架构和数据架构分离的视角整合。"一切业务数据化，一切数据业务化"，这个口号很好，但是要如何落实？笔者提出的建模思路就是一种可供参考的方法。

5.5 关于建模原则的探讨

目前主流的软件设计方法其实都是模型驱动开发（Model Driven

Development,MDD)形态的,无非是建模工具、建模方法的差异。那么我们如何更好地掌握业务建模方法呢?本节我们来探讨这个问题。

5.5.1 建模原则

既然业务模型对业务架构、系统设计如此重要,那么建模是否存在什么"秘籍"呢?很遗憾,没有。这不仅是笔者个人的理解,不少关于建模的书中也都提到过,建模看似有很多种方法、标准可以遵循,但是模型质量与建模者的经验息息相关。

虽然建模没有捷径,但还是有两个原则需要读者时刻注意。

1. 整体性原则

做模型切忌快速上手,不要轻易被业务细节吸引,更不要被立刻解决问题的冲动所左右,一定要将问题域(或者说建模对象)通盘考虑清楚,先了解问题的整体轮廓,再考虑局部设计。在管理课上,老师讲沟通时经常会举一个"做飞机"的例子:先将听课的学员分成若干组,每组设计飞机的不同部分,比如机首、机身、机翼、机尾,而不给出整体要求,也不允许组间沟通,最后将各组的设计拼接起来,很可能会看到如图5-8所示的这种结果。

没有整体性原则做指导,就会做出不仅飞不起来,而且还极其"丑陋"的飞机。企业中常见

图5-8 拼不上的大飞机

的"竖井式"开发也会遇到这样的情况,每个子系统独立工作时都很正常,却无法协作,因为这种设计不符合整体性原则。

2. 合适性原则

"将世界上最美的五官凑在一起,并不会成为世界上最美丽的脸",这就是合适性原则。如图 5-9 所示,美丽的脸通常指的是五官比例合适的脸,也就是说,模型中所包含的各个部分、各类元素要有机地结合在一起,而不能在设计时为了图新潮、赶时髦,甚至为了建模者个人的"执念",放大需求、胡思乱想、生搬硬套,只进行"理想"的实

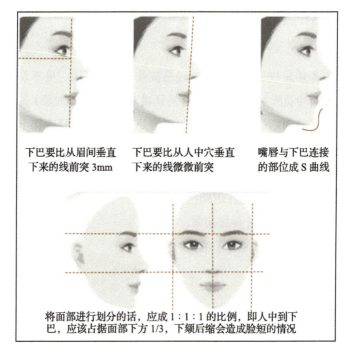

图 5-9 五官比例合适更重要

现,而不进行"合适"的实现,漠视客观现实和循序渐进而导致设计结果"无用"。

业务模型是为业务架构服务的,所以细心的读者也一定注意到了,这两条原则其实也包含在企业架构设计的重要原则中:全面和结构化。唯有不断练习,不断参与项目实践,获得对建模成果的重要反馈,建模能力才能有所提高。我们经常将不重视实现结果的架构师称为"PPT架构师",其实建模也是一样,若不能在开发过程中得到反馈,那么建模者也会成为"PPT模型师"。实践是理论之源。

5.5.2 如何权衡建模方法的切换

业务架构的任务是搭建业务与技术之间的桥梁,所以作为业务架构在结构化表达方面不可或缺的工具,业务模型必须同时照顾业务与技术双方的感受,也即表达能力丰富、兼具业务和技术友好性的建模方法对业务架构而言更为合适。如果企业在以往的技术实现中已经习惯于采用某种建模方法,犹豫是否要进行模型方法层面的大调整,则要考虑如下因素。

1)是否可以对原有方法进行改造以弥补缺陷。如果原来的方法太过面向技术端,那么能否增加一些更适合面向业务端的展现方式?如果对改造效果的评估或者试验不乐观,那么还是建议切换建模方法。

2)原有的模型成果是否还有复用的价值。如果企业决心进行大规模转型,那么原有的模型成果除了提供初期分析的信息输入之外,复用可能性就很小了，此时就可以没有顾忌地切换建模方法了。

5.5.3 如何更广泛地应用建模思维

做过建模的人都能理解，认真建模是一件既枯燥又烦琐的事情。前文也曾提到过，业务架构设计可以帮助业务人员提升逻辑思维能力，应该让业务人员多参加。那么对于广大业务人员而言，投入这么大的精力参与这么枯燥的工作，项目完结之后，这些技能还能用得上吗？答案是肯定的，模型思维将终身受用。

笔者总结出的，在各类工作中都值得借鉴的模型思维有如下 3 点。

1. 把握整体

把握整体的重要性，这里不再赘述。其应用场景很多，比如，对于领导交待的任何工作，尽可能不要第一时间就去执行，而是要先抽出点时间考虑事情的来龙去脉、前因后果，这样才能把握好工作的度，以免过犹不及。时间和人力是企业最宝贵的资源，不是所有事情都值得投入最大的精力去追求满分效果，而是要从整体着眼来评价工作事项，尽量杜绝过度"敬业"导致的时间和人力的浪费。

2. 穿透现象

露出水面的往往只是冰山一角，能够透过现象看本质是对建模人员的基本要求。这种注意事物内在联系、本质差别的能力，有助于读者拨开笼罩在现象表面的"迷雾"，找到解决问题的最佳方案。这种思维方式在任何工作中都是可以用得上的，多进行建模工作也许能提升这种能力。

3. 实现为王

架构不能只是停留在口头或纸面上，真正了解架构本质的人，无论做出什么样的设计方案，都会以落地实施为前提。虽然很多人会觉得企业架构设计过于宏大，但是"宏大"并非架构设计的目的，正如 Zachman 框架揭示的那样，架构的"宏大"是为了更好地识别架构元素之间的联系，从而提升架构决策的科学性，这正是为了更好地落地架构设计。对应到日常工作中，就是不要害怕提出宏大的工作建议，宏大是一种"远见"。但是不能只是空谈，而要为其实现负责。

本书关于模型的一些基础介绍先到此为止。书中所讲的业务架构都是使用业务模型来构建的。虽然业务架构与模型之间关系紧密，但是必须明白的是，架构不等同于模型，模型也不等同于架构，不要将二者简单合并为一。架构相当于思想，模型则是思想的表达。实践中如果遇到问题，一定要先想清楚原因，不要因为模型表达方式不理想而认为架构无用，也不要因为架构设计不理想而埋怨模型方法。如果觉得哪个不妥，要具备自己动手改良的能力和精神。

除了用于表达业务架构的业务模型之外，应用架构会用到应用分层、服务模型，技术架构会用到技术分层、组件关系等，这些都属于模型化的表达，可以说，整个企业架构就是一个模型体系。结合 4.1 节中对架构观的介绍，笔者认为，企业架构就是努力用"结构 – 关系 – 原则"这一基础视角，形成对企业认知的一组互相连接的架构观点体系（包括业务视角、应用视角、技术视角、治理视角等），并将其以模型的方式最终表达出来，如图 5-10 所示。

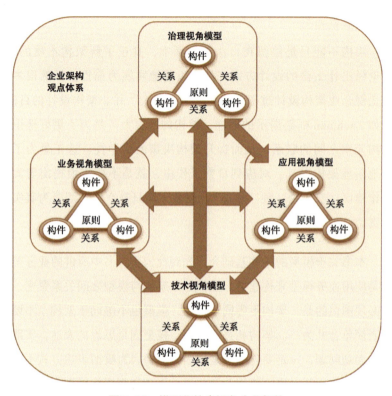

图 5-10 模型化的多视角企业架构

| 第三篇 |

聚合架构方法论设计指南

通过基础理论篇中元模型部分的介绍,读者已经可以感受到本方法论所建议的架构设计过程。元模型中,业务架构元模型包括战略元模型、组织元模型、业务元模型、业务构件元模型、应用架构元模型、技术架构元模型。所以,企业架构设计过程可以归类为业务架构设计、应用架构设计、技术架构设计三个大的环节,过程如下图所示。

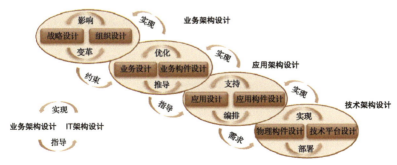

企业架构设计全过程示意图

上图中，战略设计是整个架构设计过程的起点，企业架构是服务于企业战略的。战略设计会提出对原有组织设计的变革要求，新的组织设计是否符合战略要求会影响到战略落地。战略设计和组织设计会约束业务设计，也即，战略目标和组织形态会决定业务过程，甚至影响对业务对象的定义。业务设计对业务构件的设计起到指导作用，而良好的业务构件设计也会反过来优化业务设计。

业务架构设计会指导 IT 架构设计。应注意的是，从完整的企业架构设计过程来看，业务架构与 IT 架构才会形成这种指导关系。这与经常有人说的"业务驱动技术""技术驱动业务"不是一个层面的问题，这两种说法指的是业务与技术的关系，而非架构设计过程。

IT 架构设计中首先是承接业务架构设计的应用架构设计，其中的应用设计主要指应用的范围和调用顺序，即应用编排。应用构件承接自业务构件，支持应用的实现。应用架构设计会指导技术架构设计，因为应用架构才是技术视角的需求，需求引导实现。物理构件部署于技术平台之上，技术平台实现物理构件，而技术架构设计实现应用架构设计。

最终，IT 架构设计实现业务架构设计的 IT 需求部分，因为理论上来讲，业务架构设计范围会大于应用架构设计范围。尽管随着信息化的深化和数字化的推进，二者的重合度会越来越高，但是非 IT 化的业务依然会存在。

本篇内容较多，会覆盖上述要点及对架构管理工具的设想，但总体而言，根据本方法论的特点，会以阐述业务架构为主。

| 第6章 |

战略设计

战略设计是企业架构设计的起点。企业架构，尤其是其中的业务架构，在设计时必须透彻理解企业的战略，否则将会犯下致命错误。战略解读错误是难以弥补的。没有对企业战略的充分解读，企业架构设计也就失去了演进的方向和投入大量资源的意义。

忽视战略设计，不仅会导致企业架构的失败，更会导致企业的失败。在企业管理领域，可以见到大量因战略管理而失败的经营案例，所以，笔者将战略设计作为很重要的一个部分，放在企业架构理论中进行讨论，也是希望能够引起更多的读者对战略的重视。没有对战略的重视，企业就没有在思想上实现统一，就没有可以预见或期待的整体性行为，就难以形成合力。

目前很多企业不重视战略管理，也有些企业认为战略管理是大企业的事情，与中小企业无关。实际上并非如此。

6.1　战略管理过时了吗

很多人可能认为互联网企业没做过"笨重"的战略管理，依然不乏成功的创新和指数型的增长，甚至带动了各种跨行业的竞争和进步，但这是一种误解。

头部互联网企业正在越来越重视战略管理。不少大型互联网企业设有专门的战略管理岗位，甚至是高级管理岗位。一些互联网企业的领导者也是重视战略管理的典范，比如今日头条的张一鸣先生，他一直将自己的工作重心放在领导公司全球战略和发展上。在2020年3月他写给全体员工的公开信中，可以看到其他对杰克·韦尔奇、彼得·德鲁克、科斯、哈耶克等传统企业管理者、经济学家观点的熟练解读和引用。一些传统企业管理模式中重视的因素也逐渐在这些互联网企业新的认识下焕发活力。如今，张一鸣先生更是辞去了CEO一职，专注于长期重大课题的探索和战略思考，"以十年为期，为公司创造更多可能"。

互联网企业随着规模的增大也会出现一定程度的"大公司"现象，前谷歌掌门人埃里克·施密特在其所著的畅销书《重新定义公司：谷歌是如何运营的》的序言中坦言，谷歌人认为他写的是过去的谷歌，其中不少做法现在已经消失了。所以，互联网企业也许正在以另一种视角注视着传统的战略管理，而并非我们听说的所谓"弃之如敝履"的"叛道者"姿态。

所以，从客观的角度来看，笔者不认为搞"大部头"的战略管理是过时之举，导致方法论过时的未必是环境的变化，而是让方法论不再前进的选择。方法论的生命力是可以与时俱进的，拥有2000多年历史的"儒道法兵"思想即便在今天也还在不断被国内外有识之士演绎创新。

6.2 战略设计的关键要素与思维模式

1. 战略设计的关键要素

从4.3.1节介绍的战略元模型中，我们可以了解到，战略元模型中有三个关键要素，"愿景、价值观""战略""战略能力"。它们之间的关系是："愿景、价值观"影响"战略"，"战略"支持"愿景、价值观"；"战略"依赖"战略能力"，"战略能力"支持"战略"。可见，战略设计过程是围绕这三者进行的，从方法论的角度看，都是以讨论和设计为主的过程，工作方式也类似，没必要再划分不同的操作过程。

2. 战略设计的思维模式

多数的企业战略都不是灵光乍现般冒出来的，而是包含了对行业、企业、技术的过去、现在、将来以及对商业大环境、企业小环境的全盘考虑。所以，从思维模式上来讲，对战略设计而言，历史思维、生态思维、架构思维是非常重要的战略设计思维模式。

（1）历史思维

历史思维就是能够了解行业乃至人类社会发展的过去和现在，通过对历史的回顾,在大的时间尺度上观察事物的发展,提炼出规律性的东西,帮助我们基于过去和现在预测未来。历史思维实际上也是长期主义思维,亚马逊的杰夫·贝索斯曾经说,做未来 10 年不会变的东西的工作才有价值。那怎么找未来 10 年不会变的东西呢?线索反而来自过去。笔者在《银行数字化转型》一书中,也基于对人类社会从农业时代到信息时代的回顾,总结了两个发展趋势:

- 人类一直在持续打破空间对人类发展的限制,尤其是距离;

- 社会的发展一直在持续给个体赋能。

基于这两个趋势,可判断从物理空间向虚拟空间的转移是数字化时代的发展方向,也由此认定数字化时代可以被称为一个新时代,因为它既符合历史发展趋势,又能够产生与以往极为不同的生产和生活形态。基于这个认知,笔者在该书中形成了自己提倡的数字化转型战略。

(2)生态思维

生态学认为,万物都是有联系的,它们互相依存构成一个有机整体,所以,每个事物都会依赖一些其他事物才能存在,谁也不比谁更神奇,都是生态系统的一部分。生态思维也强调开放循环的重要性,既然万物彼此之间都有千丝万缕的联系,那么就没人能关起门来经营企业,业务、资金、技术都是要互相流转的。良好的循环是经济发展最重要的条件,也是企业经营的重点,不管企业的经营内容是什么,都需要建立一个良好的循环机制。多运用生态思维,把企业的愿景、价值观、战略都引导到协同进化、和谐发展的价值取向上来。

有时候，一些技术见长的企业会喜欢创造一些"独门秘技"，以获取竞争优势。关于这一点，读者可以读一读布莱恩·阿瑟的《技术的本质》一书，这是一本由经济学家写的技术发展史，视角很有趣。据阿瑟先生统计，就算是电灯、电话之类意义重大的发明，历史上也很少有在同一时期内仅出现一个的，往往都会同时出现多个，只不过最后只有一个会被记住而已。所以，没那么多像可乐配方一样的"独门秘技"，与其总担心保密问题，不如运用生态思维想想如何活用自己和他人的优势共同进步。

（3）架构思维

运用架构思维，首先要全面地看待事物，只有尽可能完整地识别事物的边界和与之关联的事物，才有可能准确地进行分析。在尽可能掌握全貌的基础上，结构化地分析事物的内部组成，确定好组成部分之间的联系，才能在逻辑上准确把握事物的结构，以便对事物进行复现和改造。无论是设计软件，还是用来指导学习，这都是最科学的方法。

结构化有助于将事物复杂度的不可见性降低，从而更容易进行复杂设计。做很多事情都不能一蹴而就，做战略更是这样，要保持灵活而不要僵化、官僚化。从长期来看，再好的战略都有其适用时间，早晚还要调整，所以战略要注重有方向的演进。全面、结构化、灵活、演进，这些企业架构的设计原则也是做战略需要注意的要点。

综上，战略分析就是以这三种思维模式寻找企业的"愿景、价值观"，建立企业的"战略"，并为达成战略而分解出"战略能力"的过程，如图6-1所示。

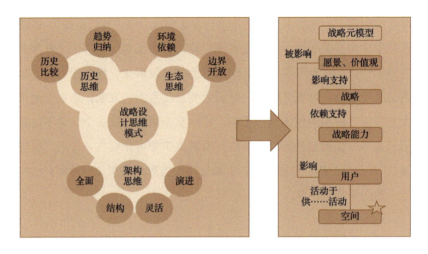

图 6-1 战略设计的思维模式

6.3 完整的战略设计过程

战略设计有严谨而漫长的操作方式,也有可以快捷执行的操作方式。对于大型企业而言,由于其业务和组织的复杂度都比较高,因此可以考虑进行相对复杂的战略管理。对快捷操作方式更感兴趣的读者,笔者也建议您先多点耐心,了解一下完整的战略设计如何开展,再看如何便捷操作,这样也许可以为实际执行提供更多的参考。

本书介绍的是一个比较完整的战略设计过程,愿景、价值观、战略和战略能力的分析都可以采用这个统一的过程,将这些分析结合进行,企业在实践中可以根据需要从完整过程中裁剪。该过程如图 6-2 所示。

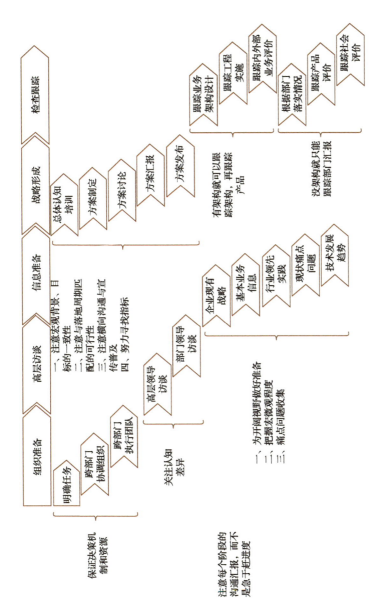

图6-2 完整的战略设计过程

6.3.1 组织准备

组织准备对于战略设计而言是一个非常重要的环节，尤其是在规模较大的企业中。不少大型企业设有战略管理部，但是战略设计只是战略管理部牵头完成的工作事项，而非仅是战略管理部的工作。战略关系到企业各个层级，并非只有领导者需要关心，各级业务人员、技术人员都应该关心，只不过在关注的侧重点和形式上有所区别。

高层关注的是战略本身和执行情况；各级执行层关注的是分解下来的战略任务以及自己工作与总体战略之间的关系，对实际情况的灵活处理来自于对战略方向的正确理解；技术人员则关心战略方向引导的业务方向，基于业务方向判断 IT 架构的适应性和调整方法，以及通过战略任务落实下来的具体开发需求。

可见，战略是贯穿整个企业的工作，而不是一个部门的工作，更不是一个部门自己做的交付物，需要充分地纵向、横向沟通。因此，为制定和落实战略而进行合理的组织准备就是非常必要的，要明确做战略的跨部门团队和相关工作机制。

组织准备一定要注意资源的匹配、覆盖的广度以及如何就疑难问题进行快速决策，战略制定虽然要慎重，但也不能"久拖不决"，重要问题及时上报和决策是保证战略制定工作时间可控的关键。

资源匹配中的一个难点是战略设计专业人才，这也是很多企业会在战略制定工作中引入外部咨询的原因，毕竟专业做战略制定工作的人非常少，而相关能力和经验要求又都很高。大企业虽然出得起钱，但是必须注意对咨询公司能力的吸收，钱要花得值；中小企业如果在资金方面有困难，那可以通过接受外部培训的方式来培养人才，毕竟企业内部的情况还是自己最了解，理论只有与实践相结合才能发挥作用。中小企业不缺实践，缺的是对方法论的吸收和思维习惯的养成，这些是可以靠时间和坚持来弥补的，就像企业架构能力一样，坚持就可以获得。

6.3.2 高层访谈

战略从某种程度上来讲是企业家精神的凝练和表达，所以高层访谈必不可少。制定战略最致命的是没有解决好高层概念的一致性问题，其次就是高层意识与企业实践不衔接的问题。这两个问题的解决都离不开充分的高层访谈和适度的问题暴露。

第一个问题要通过深入、单独访谈企业每个高层领导，认真领会每位领导的战略思想、关注点、对环境的认知、对企业的认知，比较差异，判断融合方式。必须把握住高层间的关键分歧，不然会为今后的战略设计过程留下隐患。

第二个问题，由于每一阶段的时间有限，所以要集中访谈企业中的部门领导，也就是中层干部群体的核心。部门领导的日常职责就是承上启下，对企业实践的细节有更多认识。我们从访谈中可以分析出其与顶层认知之间的差异，这些点都是需要在战略设计中注意的问题。

大型企业，比如类似国有大型商业银行级别的超大规模企业，在这个阶段还可以加入对部分代表性地区分支机构负责人的访谈，也就是距离市场更近的中层领导，以获得更接近市场的信息。对于中小企业，干部群体相对而言少一些，访谈可以更为深入，并且可以随机选择少数员工，对比不同层面的信息。

高层访谈环节切记，不仅要领会领导意图，还要发现差异。

6.3.3 信息准备

领会过领导意图之后，就需要全面收集能够支持战略设计的信息。信息的数量和质量对于战略的质量至关重要。虽然战略制定者的能力不容忽视，但"巧妇难为无米之炊"，落地还是需要执行很多细节工作的。如同指挥一场战役，一个伟大的战役构想需要大量细致的参谋作业才能转化成军团的行动。两支游击队短兵相接，考验的也许是个人能力；两个兵团正面交锋，考验的实际上是两个参谋系统的信息收集、处理和应变能力。所以，为什么有人会说战略是个思维习惯，也是这个道理。对于大多数企业而言，除了能力优秀的个人，我们还需要一种集体能力，信息的采集和沉淀就是这种集体能力的基础。

信息采集的范围是非常广的。数字时代，数据就是用来感知变化的，企业能采集到多少信息，就决定了企业能感知多少内外部的变化。本节讨论的是战略，从战略角度来讲，主要的信息包括以下几种。

1. 企业现有战略

新战略通常是对旧战略的调整，但是调整之中往往也有继承。企业变革一般不会采用"休克疗法"，对于旧战略的得失判断、影响因素分析有助于新战略的制定和推广，这也是一次战略层面的 PDCA（计划、执行、检查、处理）循环。

2. 基本业务信息

战略不能脱离企业的基本面，再重大的变革也是从当前出发的，"破"和"立"都是相对现状而言的。前瞻性战略也不是无源之水，都是从现状到目标的过程，要避免战略夸夸其谈就必须充分了解企业的基本业务信息，才能知道如何从"不能"到"能"。对现状的理解是战略能够接地气的关键因素。

基本业务信息也是今后建立现状模型的重要输入，通过现状模型可以结构化地呈现企业当前的整体结构、运作模式、业务资产、数据资产、软件资产。现状模型的制作过程本身就能够帮助企业暴露出很多不合理的状况，发现战略设计要考虑的因素，但可能会很耗时。

3. 行业领先实践

"行业领先实践"就是我们常说的"别人家的孩子"。很多企业都希望"自己家的孩子"多学学"别人家的孩子"，但是孩子跟孩子还是很不同的，况且"别人家的孩子"到底是怎么做的，只有"别人家的孩子"自己知道，甚至可能有禀赋的差异，不是能学的。

所以在战略制定中，尽管对行业领先实践的分析必不可少，"见贤思齐"并没有错，但是如果做不到像华为学IBM那样深入，就必须立足自己。行业领先实践只是个启示，并不是现成的软件包，不能拿来就用。学别人切忌肤浅，否则会东施效颦。如果企业多次调查也没有领会别人到底是怎么做的，那可能就不具备学的条件了。关于对标分析的不足，笔者会在后文专门讨论。

关注领先实践的同时，也应对行业信息进行一个广泛采集，从而理解行业走向和领先者真正的领先程度。

4. 现状痛点问题

"现状痛点问题"是真正的"自己家的孩子",企业要先诚实接受自身的问题,只有深刻认识自己才有改变的机会。

很多人可能会认为企业了解自己的痛点,但实际上未必。很多时候在业务分析会上只是看到了痛的点,但是没有深入分析痛的根本原因,只是停留在表面上、会议中的激情讨论上。如果能够基于对企业信息的全面了解,深入分析痛点,吸收一些领先实践的启发,很多问题企业其实自己能找到解决办法。

有时候企业内部也确实知道问题的解决之道,但还是会借助咨询公司的便利,"外来和尚好念经"。这种情况在大企业中不少见,但实际上是一种资源浪费。

除了内部问题外,还应该安排针对用户的访谈和调研。企业是以服务用户为主的,因此必须对用户体验有足够的关注。这种调研也可以采用"用户旅程"的方法开展,关注"用户旅程"中的"同理心"部分,采集用户关注的"痛点"。

5. 技术发展趋势

战略设计要有一定的前瞻性,数字时代,纯粹的业务战略设计将会逐步消失,很多大咨询公司也从当初的业务咨询转型为数字化咨询。业务与技术融合的战略设计越来越重要,技术在战略设计中已经不再担任辅助角色,而是承担着创新商业模式、支撑创意实现的关键职责。

数字化企业的产品要么直接是软件，要么需要结合软件为用户实现完整交付，而且，即便是线下程度较高的产品也很可能要先通过线上渠道才能触达用户。

结合企业主营业务方向收集关键技术发展趋势是非常重要的，比如服务性行业必须关注虚拟技术对服务模式的影响，关注虚拟技术打开新渠道的进展，关注各种基于人工智能的交互类技术的进步。以银行业为例，尽管金融业务的本质相对稳定，但是从柜台到网络，服务方式已经发生了很大的变化，而从今天的二维渠道升级到三维渠道，则可能会产生更大的模式变化。所以，要匹配战略设计覆盖的时间跨度，要尽可能了解关键技术发展方向，以免"措手不及"。

总结一下，尽管这个环节工作量不小，但也需要控制时间，所以，总体上要把握好宏观与微观的程度，要明确企业现状和关键痛点，这样才能让战略重点明确。信息收集最终是为了开阔战略设计的视野。

6.3.4 战略形成

经过前面三个环节的准备，就进入了正式形成战略并将战略分解为战略能力（高阶需求）的过程。

1. 总体认知对齐

进行到这个环节，在操作层面上首先要对战略设计团队全体成员的认知进行统一。战略要保持高阶概念一致性，因此，在这个环节开始之际，要通过讨论会等形式对之前发散的思考与信息进行收敛，也就是将问题聚焦，进而将关注点聚焦。并不是什么样的现状问题都会上升到战略层面，即便上升到战略层面，也会考虑资源的有限性并分阶段解决。

2. 战略设计

认知对齐后，需要根据入围的信息提炼企业战略。战略设计是个复杂问题，没有什么操作过程能保证一定会做出卓越的战略，我们只能通过过程尽可能保证质量。这与软件开发一样，严格执行软件过程可以提升软件质量，但无法保证软件成为"爆款产品"。

尽管如此，还是有一些做战略时值得注意的关键点。战略设计需要的前瞻性相当程度上来自于对过去的反思，因此，战略设计在时间上具有非对称性，如果希望向前展望 2 年，那可能至少要向过去看 10～20 年；如果希望向前展望 20～30 年，那可能至少需要向后看看一二百年的历史。当然，这不是要大家通读历史，而是要把握从过去延伸到现在的趋势，理解了趋势才能找到方向。

实践中的战略设计通常以 3～5 年的居多，往往是基于企业自身经验的总结，加上对社会和行业的判断。比如中国建设银行股份有限公司之前的战略概括曾经是"综合性、集约化、多功能"，这是对以往业务割裂和系统割裂状况的一种反思。基于大型银行必须持续提升业务效能的战略判断，该战略也推动了该行基于企业级业务架构的"新一代核心系统"转型项目。近几年执行的"住房租赁、金融科技、普惠金融"三大战略，综合反思了银行对社会的作用，体现了对社会的关注，强调了社会责任，也带动了成立住房子公司、金融科技子公司，大量增加普惠金融贷款等行动，贯彻"金融是温柔的手术刀""金融是社会基础设施"等理念。

战略设计要客观地判断目标与实现周期的匹配性，也要尽可能寻找可度量的指标与可描述的结果，这样才能更好地评价战略实现情况。不过对于 IT 投入而言，除非公司运营模式高度产品化，成本管理可以精确匹配到产品，否则很难准确核算 IT 贡献，这也是大部分传统企业设计和推动数字化转型战略时遇到的难题。

对此，笔者建议量入为出地进行最大化投资，因为数字化转型最终发挥全部价值靠的是企业无形价值的产生，比如能够利用数字化技术进行高度协同的企业文化，能够充分利用数据的决策思维，能够让业务与技术实现深度融合的架构思维普及等，这些都不是可以靠投资数额决定的，而是由可以长期坚持的转型过程带来的。此外，技术发展较快，如果没有足够的投入，企业就难以在这种快节奏的时代跟上发展。

3. 战略能力（高阶需求）分析

通过对趋势的把握，可以提炼出战略的核心思想，上文介绍的其实就是战略核心思想的表达。有了核心思想，还要把视野聚焦到近期的问题上来，包括企业内外部面对的问题，通过这种分析得出支撑战略实现的关键能力。

关键能力仍然比较抽象，需要通过各部门结合实际进一步细化，分解为更加细节化、可以落实到业务层面的、较大的需求点，这就是高阶需求分析。战略能力分析不是什么公式推导，更像是在提炼大量信息后的"头脑风暴"。

战略能力分析需要与现状业务进行比对分析，这样才能从现状出发找到差距，才能找到为实现战略需要做的调整。这些工作必然都会耗费一些时间，尤其是在横向沟通环节，毕竟对于企业整体战略，各部门是需要协作的。所以，笔者建议在初次基于企业架构转型时，务必给予足够的时间，这样才能让工作质量有保证，也才能让参加的人有转变，让过程为人赋能。好的过程可以提高产生好结果的概率，要做时间的朋友，不要总被环境和舆论影响。

企业需要自己培养战略人才，信息采集和沉淀是基础，战略设计和分析实践是锻炼人的重要过程，培养人才是最重要的工作。对于大企业而言，战略人才可能是专职人员，而对于中小企业，笔者更建议将战略管理转变为一种企业管理习惯，一种思考企业发展问题的思维方式，这样也可以使战略工作更接地气，并逐渐形成企业自己的"套路"。

6.3.5 检查跟踪

PDCA 是一个很有价值的循环模式，包括计划、执行、检查、处理，很多工作都应该借鉴这种模式。战略也一样，对战略的执行，需要有效的跟踪和评价，在这方面业务架构是一个很有建设性的管理方式。业务架构可以承载战略能力分析结果，可以用战略能力指引现状模型走向目标模型，那目标模型自然就是检验战略落地成果的标尺。有业务架构模型就有了结构化的跟踪工具，没有架构模型，对战略执行的跟踪就退回到了跟踪会议纪要执行的旧方式。

在实际执行中，越大的企业，战略的基本理念传导需要的时间越长。由于体量大、惯性大，观察执行的反应也需要时间。执行过程需要因地制宜地去调整，战略是思想的"一刀切"，但并非行动上的"一刀切"，需要在坚持总体目标和原则的基础上具备执行的灵活性和演进能力。

现在的管理发展趋势是缩短决策链，倾向于让一线多做决策，在战略执行上更是如此，为一线提供更多的信息和资源支持，提供目标方向，让一线灵活捕捉机遇。结合敏捷方法论的思路，战略执行也需要做好 OODA（观察—调整—决策—行动），需要一线执行者在尽可能获取充分信息的前提下对总体战略进行更为灵活的执行和把握。

6.4 快捷的战略设计

战略不一定总是个大工程，大企业的长期战略当然会内容庞杂，但是中小企业的未必如此，而且也未必每年都需要在战略规划方面投入很大工作量。战略其实是一个思维习惯，当我们被互联网公司的明星光环吸引时，也必须意识到，马斯克、张一鸣、张小龙等成功人士只是少数杰出者，对于大多数企业而言，特别是中小企业，更需要依靠"阵地战"，依靠集体智慧。养成战略思维习惯正是统一大家的认知、发挥集体作用的方法。

那么，在介绍过复杂的做法之后，本节再介绍一个快捷战略分析工具。这是一个很容易掌握的企业战略设计模型，该模型由 BMGovernance 公司设计，设计过程如图 6-3 所示。

1. 顶层设计

该模型从企业愿景、使命入手，向下分解出可度量的目标。愿景、使命描述的是 4.3.1 节所述战略元模型中提到的"愿景、价值观"，目标包含在"战略"中。

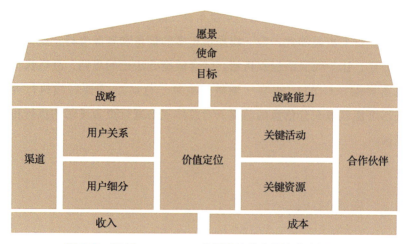

图 6-3　BMGovernance 公司设计的企业战略分析模型

举个例子,如果愿景是"让全世界都使用清洁能源",使命就是"逐步使用风能、太阳能等清洁能源取代具有污染及潜在污染可能性的煤炭等化石能源",那么目标自然就是"清洁能源使用量占世界能源使用量的百分之百",这个目标衡量起来很容易,只需要看统计数据就行了。

无论是世界级企业所设定的改变全人类的宏大誓愿,还是小企业期盼明天还能够在市场上生存的简单原理,都必须要"量化"出来,成为可执行目标。这一点是企业架构尤其是业务架构设计人员在分析企业战略时必须要注意的,千万不要将战略当作华而不实的口号,而是要能够像一棵参天大树一样,坚实地向上生长、开枝散叶。

就这个模型而言,愿景、使命、目标是"屋顶",如果这三者出现偏差,就会出现"上梁不正下梁歪"的问题。所以务必要与企业的管理者沟通清楚,务必让所有参与方都达成共识。这是企业中最高层级的概念一致性,绝对不能出现偏差,以免"差之毫厘,谬以千里"。

2. 业务模式设计

分析模型中，"屋顶"之下左侧是战略，右侧是战略能力。战略与 4.3.1 节所述战略元模型中"战略"的含义基本一致，比如银行的分行每年为了完成总行下派的经营指标而制定的各种经营策略，比如大力挖掘潜在用户、激活存量用户等。战略能力与 4.3.1 节所述战略元模型中"战略能力"的含义基本一致，比如为了开展激活存量用户行动需要具备的能力，如用户分析、营销组织、渠道应用、业务处理、合作伙伴管理等。

分析模型中，再下一层级就涉及具体的工作了，左侧表述的是为实现战略而在客户一侧采取的行动，包括渠道、用户关系、用户细分，即面向哪一类用户、在什么渠道上、如何为其提供服务等。比如激活存量用户首先要考虑激活哪一类用户，是一般用户还是高端用户，不同的细分用户需要采取不同的策略。

现如今很多企业都在讲求精准营销，在大数据、人工智能的加持下，从"千人千面"一路飙升到"亿人亿面"。选择了用户群之后就要考虑渠道类型，是选择互联网渠道、电话渠道、手机银行渠道、微信渠道还是柜面服务。确定了渠道之后，还要考虑如何将激活行动的消息送达用户，如何让用户愿意接受，以及相应的售后服务，这些均属于用户关系范畴。

分析模型左侧最下边的是收入，也就是说上述行动成功后，应当产生预期的收入。

分析模型右侧所对应的 3 个方块则是在企业内部还需要采取的行动。关键活动是支持激活用户战略所必备的业务处理过程，包括交易流程、积分规则调整流程、积分兑换流程等；关键资源则是为支持促销战略需要提供的资金、人员、物品、参加活动的网点等；合作伙伴则是为了补充银行能力不足而引入的外部力量，比如为了激活一般用户所提供的交易积分兑换电影票服务，为了奖励高交易量用户所提供的体检、高尔夫球等活动，都需要与第三方合作才能办到。

分析模型右侧最下边的是成本，也就是说上述行动会带来合理的成本支出。收入与成本的差额就是收益了，这就是对激活存量用户策略的最终检验。

分析模型居中的是价值定位，企业为哪种类型的用户提供哪种类型的服务就是企业的价值定位。模型中方块左右两边描述的其实就是这个含义，企业的价值定位是否准确、可持续，也是看左边的活动产生的收入是否能够覆盖右侧的活动花费的成本。如果能，则企业就能够长期发展；如果不能，则企业就需要重新思考价值定位了，而这种反思很可能会导致"屋顶"发生变化。

读者可以看到，5.1节中提到的三角形也包含在这个模型中，如果说三角形是"大道至简"，那么这个模型就可以看作是"衍化致繁"了。

这种战略分析过程是对战略的一次简易的沙盘推演，能够衡量战略的合理性、可行性。这种分析是非常有价值的，可以避免工作的盲目性。相信读者在日常工作中都遇到过不计成本、不计代价的强硬需求，那么今后读者可以试着通过这个模型对强硬需求做一个全面的合理性分析，也许能够帮助需求方发现战略缺陷，找到改进方法，使业务方案更符合各方期望。一个连沙盘推演都走不通的战略又如何能够指导业务发展呢？更别提去为此开发系统了。

通过这个模型，读者可以发现，企业战略并没有那么神秘。无论何种规模的企业，都可以基于历史思维、生态思维、架构思维进行结构化的战略分析尝试，让企业具备更好的战略视野和战略管理能力。

3. 试"对"还是试"错"

这是一个可以快速操作的分析方法。企业和读者都必须注意，"黑客增长"也好，"敏捷"也好，其提倡的快速试错，是要从试"对"还是从试"错"的角度去把握，一字之差，决定了心态的不同。试"对"是在目标坚定的情况下，寻找一个正确的路径或者方法，如同爱迪生寻找灯丝一样反复尝试；试"错"则容易有"浅尝辄止"的倾向，尤其是在自己对目标本来就不坚定、缺乏深入理解的情况下。如果自己本来就将信将疑，那为什么还要浪费精力去做呢？

无论是完整的还是快捷的战略分析，在执行过程中，经常有人会疑惑这种自上而下的分析方式是否完全可行，比如，如何从战略分析过渡到战略能力呢？有什么方法可以帮助我们拆解呢？事实上，这些过程都是基于经验与思考的，不存在一个把战略放进去就能计算出战略能力的公式，对顶级咨询公司而言也一样。企业价值链也好，战略分析模型也罢，主要是为执行者提供一个尽可能覆盖全局的结构背景，把众人的智慧和经验导向一个共同目标，碰撞出灵感火花。对于这一过程而言，信息、能力至关重要，所以高质量的资料、集体智慧、头脑风暴往往可以发挥出重要作用。

除了本章介绍的方法之外，软件工程方面还提供了关键成功因素法、战略目标集转化法、企业系统规划法等用于企业战略与系统规划的分析方法，但这些方法普遍存在战略规划与开发之间无法有效衔接的问题，有兴趣的读者可以自行了解。

6.5 不要太迷恋对标分析

谈到企业战略这个话题，很多人都会想到对标分析，因为无论是使用SWOT分析方法、波特的"五力分析"方法，还是不靠任何方法论的"硬想"，都无法抑制将企业自身与行业内，甚至跨行业的领先实践进行对比的"冲动"。甚至一些企业在不惜重金聘请咨询公司做战略设计时，仍将重点集中在了"别人怎么做"这件事上。

既然企业战略是企业架构设计的起点，对标分析又是企业经常使用的方法，那么本节不妨多聊聊对标分析方法存在的问题，以供读者在进行对标分析时参考。

很多人将对标分析的好处定位于快速学习领先实践，其实这种想法存在两个误区，具体如下。

1. 对领先实践研究透了吗？

很多时候，即便请咨询公司出手相助，对领先实践的研究也多是浮于表面，很难充分了解其机理。这就如同冰山一样，水面上看到的只是其很小的一角，庞大的水下部分才是主体，而"水下部分"如果不在企业内部是很难充分感受的。此外，企业发展有时间过程，一个优秀的表象是经过了什么样的过程形成的，其实很少有人能说得清楚，而形成这个表象所依赖的企业内部各组成部分之间的联系和必要的经历就更鲜为人知了。毕竟，即便是企业内部人士，通常也只了解自己所负责的工作,清楚企业全景的人很少,也就是说,很难清晰地还原表象形成所依赖的环境。

这种情况下,简单地学习领先实践,无异于照着别人的药方抓药给自己吃。如果真的想学透领先实践,恐怕得像华为学习 IBM 那样,邀请大量 IBM 人员进入华为现场去长时间地指导工作,找领先实践"本尊"手把手来教,并且要求华为人员在学习期间,只许学习,不许质疑,全部学会并运行顺畅了再谈改良。相比之下,多数企业在战略层面的对标分析、领先实践分析是"盛名之下,其实难副"。

2. 对自己的企业了解透了吗?

对于这个问题,可能很多人都会觉得奇怪,难道企业不是了解了自己,找到了痛点之后才去进行对标分析的吗?事实可能未必如此。企业召开跨部门业务会议时,大部分时候讨论的不过是基于部门界限的协同,很多问题都上升不到需要学习领先实践的高度。而咨询项目启动时,企业通常也才真正开始思考问题到底是什么?这种情况下,企业对自身的认知是有限的,很多问题并没有深入挖掘根本原因和产生环境,而这两点对于形成正确的对标分析结论是非常重要的。为了提升对标的针对性,首先还是要从自己身上下功夫,只有内部无法攻克的问题才值得去对标。

对于企业架构设计中的企业战略分析而言,对标是为了通过对比与模仿,引入优秀发展经验。但是,古人有云,"知人者智,自知者明",所谓"明智",正是要先认清自己,再了解别人。因此,结合前文的分析,在企业战略设计方面切不可只在"别人家的孩子"上下功夫,这会导致无效对标,甚至可能会让对标分析带偏了自己。

6.6 战略管理成熟度分析

最后,笔者将介绍一个战略管理成熟度的分析方法,分析模型如图 6-4 所示。

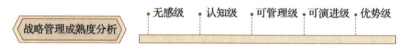

图 6-4　战略管理成熟度分析模型

1)无感级:成熟度最低的一级,完全不认为需要战略管理。

2)认知级:认为战略管理有必要,尝试去进行初步的战略思考、战略设计,有少量可量化的战略指标。

3)可管理级:有明确的战略管理过程,乃至有明确的战略管理组织,有大量可量化的战略指标,注重战略执行结果的评估。

4)可演进级:战略具有明显的连续性,有长期目标、演进策略、演进痕迹,即使前后战略有较大调整,也能积累下良好的战略管理经验,可培养自己的战略管理人才。

5)优势级:具有多次战略成功落地并取得预期效果的经验,战略形成的优势为市场所公开认可,领导层的战略能力也得到公开认可。

笔者在战略部分着墨颇多,这是因为,一个企业如果战略不清、目标不明,那到底要为了什么而设计架构呢?为了获得架构能力?

| 第7章 |

组织设计

组织是战略的执行者,所以组织设计对战略的实现尤为重要。组织设计不合理,容易造成职能缺位或者重叠,造成战略执行链条断裂或者低效。但是组织设计始终难以找到理想方案,从方法论角度看,组织设计比战略设计更缺乏可遵循的指导。

现代管理学发展至今已有 100 多年了,组织设计却一直很少有好的标杆可以参照。应该说组织设计既要融合社会、技术发展因素,也要融合人性因素,因此并没有灵丹妙药可言。

但是组织确实对企业架构设计具有重大影响,而且笔者提出的企业架构理论希望能促进业务与技术融合,将架构思维引入企业各个层级,尤其是管理层,因此单纯接受组织设计结果并将其作为变量代入企业架构的方式过于"被动",应该在企业架构范畴内承接战略设计去思考组织设计。

在当前的企业架构设计实际操作中,组织设计主要是围绕企业的组织结构、部门职责、岗位序列等基础资料进行相关的梳理。对此笔者无意阐述太多,因为面向未来的数字化生态,这些原有的设计方式已然不够,所以,本章笔者将围绕组织设计的核心要素,谈谈柔性组织的设计建议,以开拓读者的思路,这些建议也是笔者总结出本书的组织元模型的原因。

7.1　组织设计的关键要素

从 4.3.2 节介绍的组织元模型中可以了解到,组织元模型中有三个关键要素,治理体系、组织单元、岗位。它们之间的关系是:治理体系约束组织单元,组织单元被治理体系约束;组织单元可以是内部或者外部的,这是融合生态概念;内部组织单元是岗位的聚合,岗位也可以是自动化的。组织设计过程应该围绕这三者进行。

7.2　现实难题:康威定律的影响

组织设计是落实企业战略的重要步骤。战略是企业对环境的适应、对愿景的实现,落地战略必然涉及对资源,尤其是最重要的资源——人力资源——的组织和利用。人是社会性生物,能独立完成的事情其实不多,主要还是靠人与人之间的合作完成任务,所以,组织结构的影响无处不在。组织结构的好坏直接影响任务执行效率,没有匹配战略要求的组织结构,就难以落地企业战略,这就是很多企业在制定新战略的时候基本上都会伴随组织结构调整的原因。这一点对传统企业和互联网企业而言是一样的，通常互联网企业的调整往往更快。

TOGAF 中也将企业宽泛定义为具有共同目标的组织集合体，其业务架构分析中就有组织结构分析的内容。可以说，组织结构分析是企业架构设计中的"传统项目"。

本书以探讨企业架构为主，因此不会去泛泛地谈论组织设计的难处，而是集中在组织设计对后面业务设计的影响，从企业架构视角谈组织设计的难处。

7.2.1 逃不脱的康威定律

提到组织结构对系统设计的作用，很多人会想起"康威定律"，近年来的中台实践也让这个定律重回大众视野。马尔文·康威于 1967 年提出的"康威定律"指出，任意一个软件都能反映出制作它的团队的组织结构，这是因为人们会以反映他们组织形式的方式工作。

项目团队组织结构中的优点和缺点都将不可避免地反映在它们制作的系统中。这个规律延伸到作为系统需求方和使用者的企业身上也一样：企业的组织结构会不可避免地影响到系统的组件结构。俗话所说的"干活不由东，累死也无功"，就是对这个问题最直观的解释。

5.5.1 节曾提到过，设计业务模型有两个原则，其中之一就是整体性。设计企业架构当然希望能够通盘考虑整个企业，而不要因为部门利益影响系统边界划分与功能设计。设计出来的模型，凡是公用部分，应该照顾到所有利益相关方的需求，凡是已实现的功能都应该对新的需求方开放并支持必要的扩展。这是企业架构设计应该追求的目标，但实现起来常常困难重重。企业无论大小，一旦系统设计边界跨越了单个部门的职能范围，都会出现部门利益问题，无非是企业规模、文化差异造成的协调难度上的差别。

这种冲突甚至也会反映在作为需求方的业务部门和作为实现方的技术部门之间，表现为"内部甲乙方"的关系，对一个功能"做还是不做"而产生争执。这种争执并不一定是针对功能本身的必要性问题，也可能是针对资源问题、部门平衡问题甚至是更无聊的问题。

7.2.2 适应康威定律

在企业内部，部门利益是部门需求的天然边界，即便要做企业架构，各方肯定也要先说清楚自己的需求，再去考虑别人的需求，"种了别人家的田，荒了自家的地"是绝对不行的。所以，各部门在参与到企业架构设计中时，都首先要满足自己所在部门的业务诉求。

这就要求企业架构设计者拿出来的方案能以一种更有效的方式来满足所有相关方的需求，而不是单纯做抽象、归并与折中，要求各部门"你让一垄地，他少一棵树"，这样做实际上就失去了做企业级架构的核心价值，因为折中无法保证系统的先进性，也无法保证用户体验，甚至还可能退步。部门利益是做企业架构最大的障碍，跨越这个障碍是对架构师设计能力的最大挑战。当然，客观地说，当没有更好的解决方案时，"不动"也是一种选择，因为，企业文化也同样要接受这个挑战。

举个例子，银行都有积分系统，近年来很多银行也都做了综合积分，其实现上的主要问题不在技术而在业务。理想的综合积分是企业只有一个积分系统,支持所有产品的不同积分规则。对不同的用户群、不同的营销方案可以进行参数化配置,最重要的是,支持单一积分形式,而不是分别使用信用卡积分、黄金交易积分、基金业务积分,这样用户体验会非常糟糕。

但如果使用一个积分,那么又会出现这样的内部问题。信用卡部门为了促销,提高了积分发放,这样信用卡用户就在积分获取上占了便宜,而用户资金终归是有限的,因此,黄金交易业务量就有可能会掉下去。黄金交易的管理部门有样学样,也开始提高积分,结果将积分营销费用提前花光,反应稍慢的部门便已经没有机会进行促销了。

说到这里,读者可能已经明白了,综合积分背后的博弈可能是营销费用的分配。在开展综合积分设计以前,这笔营销费用应该提前划分到各部门,由各部门自行支配,这样之后就不会产生争议了。如果综合积分设计不考虑清楚这个问题,就会动了很多人的蛋糕。

所以,如果能解决这个问题,那么综合积分才能真正做到在全企业里统一设计。如果解决不了,还是各自为政,那么是否集中设计就没有实际意义了。

尊重康威定律,协调好各方的利益诉求,往往是最佳的解决方法。即便企业愿意进行大刀阔斧的改革,也不能忘记,新的组织结构一样会有新的问题,组织设计也是没有"银弹"的。

7.3 面向未来:柔性制造与柔性组织

组织设计是一个亘古难题。软件领域最著名的专家之一杰拉尔德·温伯格曾经在《咨询的奥秘》一书中指出，"无论最初的问题是什么，归根结底都是人的问题"。从企业角度讲，人的问题很大一部分就是人与组织之间的矛盾。

笔者自大学时代起，一直对管理学很感兴趣，也阅读过不少管理领域的著作。虽然笔者自身并非企业高级管理者，但是工作也超过 20 年了，从大型传统企业的基层一直走到总部，耳濡目染，确实感觉很难有"放之四海而皆准"的组织设计方法，不同企业的管理者实践之后分享的真知灼见也各有不同。

因此在本书中，笔者只能选择一个与企业架构主题契合的方向谈谈组织设计的建议。笔者认为这个建议与目前很多企业、学者探究的柔性组织有一定的呼应之处，也可以算是企业架构视角的柔性组织设计建议。笔者相信柔性组织是未来的发展方向，这与笔者对数字化发展趋势的判断有关。本节先来介绍发端于工业的柔性制造和柔性组织。

柔性制造指的是包含多个柔性制造单元，能根据制造任务或生产环境的变化迅速进行调整的生产模式，适用于多品种、中小批量生产，也就是适合于小批量的个性化定制。但这个"小批量"并非生产效率低的意思，而是与"大批量"流水化生产相对应。"大批量"流水化生产的变更是比较困难的，要对生产线进行较大调整，但是柔性制造则是将相对固化的流水线"打碎"，由更多的柔性制造单元"组合"成生产线，通过更为容易变更的软件控制方式对生产线进行调整，从而实现可调整的、连续的"小批量"生产。

不过柔性制造并非今天才出现的"黑科技"，在 20 世纪 70～80 年代，日本制造企业就已经成功地进行了实验。正是因为有了 30 多年的持续发展，柔性制造才会成为工业4.0中的一个重要内容。

与此同时，柔性制造为工业企业建立柔性组织提供了一种支撑能力。底层生产可以进行灵活调整，意味着前端面向用户的销售可以提供更多的选择，也即，面向用户的销售团队可以更多地按照"个性化"特点进行组合和调整。这些不断变动的销售团队形成的"零散"的需求，都能被企业用柔性制造方式满足，而不会像固化的生产线那样，一个企业只能销售有限的产品类型。这样的企业是名副其实的"以用户为中心"的企业，而不是"以产品为中心"的企业。

当然，不是只有具备柔性制造能力才能建立柔性组织，上述介绍只是从制造业视角进行的观察。

很多企业都想建立柔性组织，以实现灵活应变。就组织形式而言，有虚拟小组、自治团队、网络组织、无边界组织等形态，如果宽泛地观察，很容易产生困惑。所以，我们还是要考虑根本问题：所谓柔性组织到底是在组织什么呢？

从制造业的例子来看，组织的是能力，把固化的生产线"打碎"、解耦之后形成可灵活调整的能力。那么对于其他行业呢？其实也一样，区别是这些行业中的能力载体不是柔性制造单元，可能是具体的人。

7.4 柔性组织设计

如果柔性组织实质上组织的是"能力"，那从企业架构视角来看，在组织设计方面，可以把"能力"放在哪里呢？显然是岗位。企业在招聘时，经常把很多技能列在岗位要求上，这些技能就是能力的一种表达方式。关于这一点，读者可以从以下两个角度进一步思考。

1. 从战略能力落实角度看

战略分解为战略能力，这些能力需要载体来承接，并完成对战略能力的建设。在组织方面，这个载体就是岗位。通过这种关系，也可以追踪战略的落实，这其实也反向要求对战略的分解要落到实处。

读者可能会觉得这么操作太麻烦了，但实际上，即便没这样的要求，企业在实际工作中也是这样执行的。读者可以想象一下，公司提出了今年的战略方向，部门或者团队签了"军令状"或"任务书"，之后部门或者团队会研究怎么做，将任务下达到人。如果需要团队不具备的新技能，那解决途径就是让员工自学、招聘新人或者联合其他外部能力提供方，然后开始执行，直到目标完成。但是，这一系列动作几乎都没有很好地记录下来。第二年，企业又发布了新的任务，任务可能略有差别，而在执行过程中，大家可能会问"去年这个事情我们找谁做的""这个文档还有没有""这个我们去年做过吧，有参考吗"。

实际工作中，企业一直在有意识或者无意识地进行战略分解到能力、能力分解到岗位的操作，但是没有很好地进行记录，也就是没有结构化地思考战略设计、组织设计并将这个过程数据化。这样会带来的一个问题是，企业无法说清楚组织的演进与岗位间的关系，作为战略能力重要载体的岗位，企业也难以整理清楚它的发展脉络和未来方向。

在数字化进程中，笔者认为，这些信息很有价值，应该记录，进而形成企业的知识，这是企业现今在管理领域做得非常不足的事情。

可能有读者经历过 ISO 9000 贯标工作，很多贯标企业制作了厚厚的流程文档，但并没有将其及时数据化，并且常年疏于维护，导致大量贯标工作成果被浪费。

很多参加过贯标的企业都是"开了个好头儿"，却没有坚持走下去。其实华为公司的流程管理能力并非其他企业学不了，也许只是没有充分认识到其价值，导致没有下定决心。这也让笔者想起企业在对标时经常会出现的问题：想要标杆企业的效果，但是不愿付出标杆企业的代价，却又无法另辟蹊径。很多领先优势是靠"笨功夫"累积起来的，基本不存在"灵机一动"的"弯道超车"。

所以，笔者通过组织元模型主张的组织设计过程正是企业数字化过程中缺失的环节，企业在组织管理方面付出了大量的成本，却并没有积累下很多知识，这一点应当改进。

2. 从业务能力执行角度看

战略能力经过企业架构设计后，会逐步转化成业务能力并沉淀在业务构件中。所以，作为业务构件的执行者，岗位的确是天然的连接纽带。岗位既负责对战略能力的具体落实，又负责融合了战略能力的业务执行，同时连接战略能力和业务能力。

那么，组织对能力的柔性要求，实际上也就是对岗位的灵活性的要求。笔者认为，这种灵活性要求并非是要岗位可以随时增减能力，在实际工作中，岗位具有相对稳定的能力，但是可以灵活组成团队、部门。团队、部门不是固定的，随时可以变化，与俗语说的"铁打的营盘，流水的兵"相反，是"流水的营盘，铁打的兵"。敏捷中提倡的所谓自治团队就应当是这种形式,产品、目标或者某种明确的价值锚定决定团队、部门的存续,岗位属于凝聚了能力的资源,可以弹性调配。

这种设计对自动化岗位而言也许会更有意义,因为自动化岗位在能力的增减上也许比由人履职的岗位更容易实现。

7.5 企业面对的"柔性"挑战

以自治团队为代表的灵活组织模式属于柔性组织,但是这样的组织并不容易实现,尤其是对传统企业而言,这主要是由于如图 7-1 所示的五类原因。

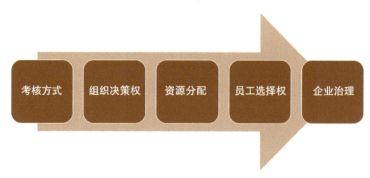

图 7-1 企业建立柔性组织要面对的难题

1)组织考核方式要调整。如果以明确的价值点决定组织的存续,那考核方式就需要非常的产品化,无论是基于外部产品还是基于内部产品。不少企业有过这样的尝试,但是这种考核方式对于很多中后台部门而言存在一些障碍。即使如此,准确衡量人的价值并给予其提升自己价值的机会，依旧是企业对员工的义务，因此探索也依然应该继续。

2）组织决策权要下放。近些年很多企业都认可这个方向，但是由于一些传统企业的决策链要求比较严格，例如银行中的信贷审批流程就是比较严格的，所以提升效率靠的是流程自动化。比如"快贷"类产品，审核内容、环节并没有明显减少，而是全靠机器完成，所以效率很高。一些银行也在探索合适的产品团队建设思路，比如内部赛马。既然要建立自治团队，那"自治"二字本身就代表了决策权的要求，但能在多大程度上满足这种要求，不同行业还是有差别的。

3）资源分配难度加大。没有资源的团队是什么都做不成的，但是当自治团队很多时资源又该如何分配？怎么分阶段投入？何时中止？这会演变成企业决策的难题。在这方面需要首先转变观念，如果还将自治团队视为"计划－执行"模式，在操作和对人的评价上可能都会存在问题。可以参考的做法是《EDGE：价值驱动的数字化转型》一书中提到的"假想－探索"模式，将对自治团队的投资视为"押注"性质，也即一开始就承认有失败的可能，并根据对项目风险、价值的预估分散"押注"，根据执行情况再进行资源的动态调整，失败也并不一定意味着对人的负面评价。

4）员工的选择权如何设定。既然是自治团队，成员就应该有自由进出的权利，成员自己都无法自治，也就谈不上团队自治了。但是在传统企业中，员工流动并非易事，因为企业对员工的"画像"也不够精确，在员工与岗位、岗位与团队之间的匹配性上，很少有足够的数据做支撑。除此之外，管理方式也不够灵活，内部调动往往需要层层审批，组织模式无法快速调整。

5）企业治理的问题。如果决策权、资源都分散了，那么，作为权力分配根源的治理体系要怎么演进呢？董事会到底在监督谁呢？对于一个高度自治的底层而言，管理层该为企业的经营结果承担什么样的责任呢？责任与权力也是匹配的，责任定义不清，权力界定也是不清楚的。

这些挑战归结起来，不仅涉及组织管理，也涉及企业文化以及企业治理。我们需要为解决这些问题努力，但也绝非朝夕之功就可以解决。

7.6 组织管理成熟度分析

笔者自己归纳的组织管理成熟度分析模型如图 7-2 所示。

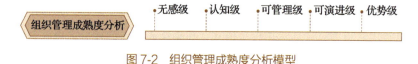

图 7-2　组织管理成熟度分析模型

1）无感级：成熟度最低的一级，完全不认为需要组织管理。

2）认知级：认为组织管理有必要，已经在企业内部进行了初步的组织分工或者职责分工，有少量可量化的组织考核指标。

3）可管理级：有明确的组织管理过程，乃至有明确的组织管理部门，有大量可量化的部门管理指标（如 KPI），对组织绩效有整体评估。

4）可演进级：组织管理与战略之间具有良好的结合性，注重用成长性指标（如弹性化的 OKR）进行组织管理，具备灵活调整能力，可培养自己的组织管理人才。

5）优势级：具有多次组织管理支持企业战略成功落地并取得预期效果的经验，组织管理形成的优势为市场所公开认可，员工更倾向于自我激励、自驱动式管理。

7.7 小结

柔性组织要求价值意识强、部门意识弱，这也会要求决策权下放，这样的企业看起来是流动而非固定的。如果从"康威定律"的角度分析，它将带来的是网状的内部结构，那么，在业务架构视角看到的会是各种基于岗位的灵活的"自治"性聚合，业务领域、产品都可以时有时无，只有岗位和对岗位的组合常存。当然，这也代表着业务活动在岗位上的分配的调整。读者可以再看看战略、组织、业务的元模型，如图 7-3 所示，这是组织与架构之间遵从康威定律的匹配。

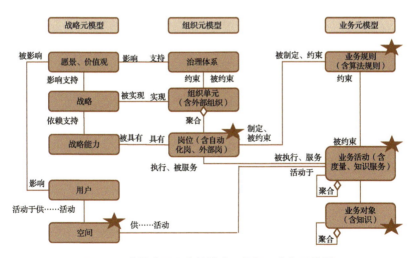

图 7-3　支持底层聚合的战略、组织、业务元模型

业务架构视角看到的面向数字化的柔性组织设计也许就只能是这样了。如果说软件设计领域没有"银弹",笔者有时觉得,组织设计领域连"石弹""土弹"都难找,众多管理学著作最终都会将管理导向如何对待人上,所以,"兵无定势,水无常形",只能把这条当做组织设计的基本原则和目标。

战略和组织是业务架构中最难设计的部分,笔者不认为将其简单作为业务架构的输入是理想选择,因为这是避重就轻,也会使业务架构师、企业架构师难以深入理解企业,从个人角度而言,也会限制其职业发展前途,容易"工具化"。在组织设计方面,所有企业架构师、业务架构师都要努力学习相关知识,注重积累,因为实操经验在这方面永远会是缺乏的,要靠多收集信息来弥补。

| 第8章 |

业 务 设 计

　　企业战略是找方向,组织结构是分职责。找到了方向,分清了职责,接下来就是执行了,也就到了业务设计阶段。所谓业务就是为了实现目标而由组织执行的过程,这个目标既可以说是战略,也可以说是"以用户为中心"的服务,等等,所以业务是一个宽泛的定义。

　　尽管定义宽泛,但是分析方式是相对统一的。组织执行业务,终究是要创造价值,这样组织才能存续,目标的实现才有意义。所以,不同行业都可以采用一个相近的分析框架去拆解业务,也正是因为这样,这个社会才有可能连接成一个整体。

8.1 业务设计的关键要素

从 4.3.4 节介绍的业务元模型中我们可以了解到，业务元模型中有三个关键要素，业务规则、业务活动、业务对象。它们之间的关系是：业务规则约束业务活动，业务活动被业务规则约束；业务活动范围很广，对用户的服务和对内的管理都属于业务活动的范围，业务活动可以聚合；业务活动都要生产或者消费业务对象，业务对象则被业务活动生产或者消费，这是业务与数据之间的结合，与业务活动相对应，业务对象的范围也是很广的。

业务规则、业务活动都是由岗位制定和执行的，这是组织与业务的关系。业务活动都是活动在一定的"空间"中，"空间"的数字化是数字化转型的重要方向。

业务元模型的抽象要素很少，但这些抽象要素的形成却是一个复杂过程，需要从企业顶层的价值链一直分析到具体的业务活动和业务对象。

8.2 高阶业务设计

高阶业务设计主要是为了勾画出企业大致的业务轮廓，因此，其设计内容主要是价值链设计和业务领域设计，也就是企业总体的价值创造过程和主要经营哪些业务方向。

8.2.1 价值链设计

做业务设计之前，需要明确一个基本问题：企业全部业务活动是为了支持企业的价值创造过程,所以企业中没有不承担价值创造的岗位,无非是直接和间接的区别。因此,做业务设计也和做商务计划一样,要以价值创造为核心。那怎么判断业务能力对价值创造的作用呢?在管理学领域有一个久经考验的工具,可以用来分析这个问题,它就是大名鼎鼎的"价值链"。

价值链(Value Chain)的概念首先由迈克尔·波特(Michael E.Porter)于1985年提出。最初,波特所定义的价值链主要是针对垂直一体化公司的,强调的是单个企业的竞争优势。随着国际外包业务的开展,波特于1998年进一步提出了价值体系(Value System)的概念,将研究视角扩展到不同的公司之间,这与后来出现的全球价值链(Global Value Chain)的概念有一定的共通之处。之后,寇伽特(Kogut)也提出了价值链的概念,相较于波特的观点,寇伽特的观点更能反映价值链的垂直分离和全球空间再配置之间的关系。

2001年,格里芬在分析全球范围内的国际分工与产业联系问题时,提出了全球价值链的概念。全球价值链的概念提供了一种基于网络、用于分析国际性生产的地理和组织特征的分析方法,揭示了全球产业的动态性特征。

具体采用哪一种价值链模型,要根据企业的实际需要来确定,比如,是否更关注上下游的关系等。这种模型的建立往往不是企业自身就能简单确定的,可能还需要一定的咨询或者学习过程。波特价值链如图8-1所示。

价值链主要包括基本活动和支持性活动,因此可用于业务活动的分类。基本活动是指主要生产过程,支持性活动则是指对基本活动起辅助作用及维持企业基本运转的各类活动。这些活动既代表了企业具备的业务能力，也代表了业务能力的运用方式。由于波特价值链偏重于制造业，偏重于生产类型的企业，因此在实际使用中不必一模一样地照搬，比如服务业就需要将其进行适当的变形。

支持性活动	企业基础设施（财务、计划等）					边际
	人力资源管理					
	研究与开发					
	采购					
	进料后勤	生产	发货后勤	销售	售后服务	利润

图 8-1　波特价值链

价值链主要描述的是企业价值创造过程，引入价值链分析的一大优点就是可以为企业全局性地横向审视自身的业务能力提供分析框架。因此，价值链如何设计完全可以是个性化的，只要确认能够符合企业特点，覆盖其价值创造过程即可。比如，极度简化的价值链设计可以将支持性活动整合后并入到基本活动中，形成只有一个维度的价值链。

在实践中可以将价值链简化成一维的"标尺"，通过这个统一"标尺"将各种业务能力分环节地聚集起来。

价值链除了用于内部分析外，也可以用于确定生态接口及进行生态构建，企业可以确定每个环节中有哪些能力是需要别人提供或者需要自己向别人开放的。比如，在生态战略下，产品设计要考虑与场景的衔接方式，考虑场景中暴露的产品信息；营销要考虑生态平台上的触达，考虑渠道建设；运营要考虑业务信息的接收方式，尤其是来自外部平台方的信息；风控也要定义二次风控的操作，平台引流业务的风控原则。在价值链的每个环节中关注与外部生态的衔接、分工，这就是开放式架构，所谓生态也就是不同企业的价值链衔接。

8.2.2 业务领域设计

业务领域是由企业确定的以某类产品服务某类用户的一个业务范围，从业务架构角度看，就是为实现这一价值定位，企业在价值链各个相关环节上的多个业务活动的聚合。一个业务领域实际上就是由一组业务活动构成的，业务活动中的岗位和任务，体现了所有参与到价值创造过程中的组织单元的分工和协作关系。

以银行为例，银行为个人客户提供金融服务，这就产生了个人金融业务线，其中会包含存款、贷款、金融市场、非金融服务等各种具体业务。如果觉得这样划分依然粒度太粗，那可以进一步将私人银行这类高端客户服务独立出来，为其设计的一些特殊业务功能可能不会为普通客户提供服务。

划分业务领域包含两种方式，从客户出发和从产品出发，选择哪一种，取决于企业特点及企业更关注什么。继续以银行业为例，银行中有不少产品是同时适用于个人客户和企业客户的，因此，从客户出发，很多产品会有交叉；而从产品出发，则会避免这一问题，毕竟业务系统的设计大多数还是以产品为主线的。但是需要注意的是，这里的产品指的不是具体的某一个产品，而是一组同类产品的集合，比如存款、贷款、托管、资管、投行等，而不是活期存款、定期存款、通知存款这种更细的产品维度。

确定了业务领域之后，就有了横轴（价值链）和纵轴（业务领域）两个维度，这两个维度交织形成一个二维结构，架构师可以在其中决定业务活动、业务规则与业务对象的归属。

8.2.3 实践体会

实际操作中经常会有人对业务领域的定义感到迷惑，不知道该如何去定义它，对此笔者也经常觉得难以解释。正如本节介绍业务领域时所言，它与产品是一种聚类关系，比如，高度简化之后，如果一个企业只做一个产品，那也就只有一个业务领域；当产品多了之后，企业需要对产品分类了，有适合儿童的产品，有适合中年人的产品，不同类型的产品因为价值定位的不同，就可以聚类成不同的业务领域。所以，业务领域未必有严格的分类依据，或者也可以说不同的价值定位决定不同的业务领域。

现实中人会迷惑的原因往往是不从价值定位出发，而是从习惯出发，比如银行中，存款、贷款、金融市场这样根据业务类别进行的分类就是一种习惯性分类，如果突然问从业人员为什么这么分类，估计十之八九都说不清楚。进一步导致这种迷惑的则是，在组织结构上，依据客户类型和依据产品类型设计的部门可能同时存在，比如，按照客户维度，可以划分为公司业务部、中小企业部、机构客户部等部门；按照产品维度，还会划分出国际业务部、金融市场部等部门。这样的交叉视角在定义业务领域时也会产生混乱，比如，以客户作为价值定位，那以产品维度划分出来的部门就不该有"自己"的维度，也就是国际业务、金融市场可以不是业务领域的名称；如果以产品作为价值定位,那客户维度其实也不必出现在业务领域的命名上。

上述问题只是些逻辑困扰,在实际设计中,读者会发现,这些逻辑困扰并不会真的影响下一层业务活动的设计,底层反而是"稳定"的。无论如何进行分类,业务活动执行的都是一套既定流程,比如从开户到发生交易,再到交易后的管理,甚至不影响活动和任务在价值链上的分布。

所以,笔者在设计业务元模型时,只保留了"业务活动"。业务领域应当是企业根据价值目标对业务活动的灵活调整,所以,业务领域只是业务活动根据价值目标的聚合,它们之间是松散的关系。

实操中还应注意的是,尽管逻辑上应当首先定义业务领域,再分解业务活动,但实际上,业务领域的设计往往是基于经验快速而不够精确地先完成的,这种情况也会出现在业务活动的设计过程中。随着业务活动、业务对象的识别逐渐精确,业务领域可以再进行调整,这种"先粗分再精确"的操作方式在企业架构设计中是很常见的,因为越靠后的阶段信息越充分,越靠前的阶段信息越不充分,根据充分信息去调整信息不充分条件下的设计结果,是正常和必要的行为。当然,这不意味着靠前的操作环节可以忽视设计质量,这只是一种为信息不充分的设计提供的纠错机制。

尽管自上而下地看,业务领域是一个很重要的高阶概念,但实际上,业务领域不是甚至不必是很稳定的。从抽象角度看,业务领域只是业务活动根据特定目标的聚类,而且,除非企业业务非常单一,否则业务领域只是企业的一个切片。企业需要经常调整自己,但是能力是累积式地演化的,短时间内大幅度替换掉已有的能力并不容易。所以,企业虽然可以经常变换对业务领域的划分，但是业务领域所基于的业务能力未必会达到同样快的变化频率，这也和岗位与组织的关系类似。

与业务领域相比，价值链相对稳定，但也不是一成不变的。企业的价值链在面对较大的环境挑战时，一样需要改变，比如面对数字化转型。所以，从价值链和业务领域的角度看，企业拥有的是一张处于变化中的棋盘，业务设计不是静态的，而是为了能够将企业能力，无论是业务能力还是IT能力，都加以标识，在需要基于能力进行组合时，可以更快速地"变阵"。这种能力在数字化时代尤为重要，因为在数字化时代，"改码"和"组码"速度可能会比"写码"速度更重要。

8.3 业务活动设计

业务活动设计实际上是将一个业务领域中的所有业务处理过程按照价值链约定的环节进行分解，形成每一个价值链环节中的一个或者多个工作流。具体每一个工作流可以采用常见的 Visio 工具进行设计，既可以遵循 BPMN 语法标准，也可以采用其他制作工作流的语法标准。但是需注意的是，整个企业必须统一采用同一种语法标准，否则将会无法进行企业级整合。

以 BPMN 语法为例，一个工作流在 BPMN 语法中称为一个业务活动，每个业务活动都可能会有多个不同的岗位共同参与，不同的岗位又会牵涉企业的组织结构。每个岗位在业务活动中承担的职责称为业务任务，工作流设计的重点在业务任务上。业务活动的范围并不是那么严格，甚至不是非常重要，在 BPMN 语法中，业务活动之间是可以靠事件串接起来的，因此其范围（或者说流程图的长度）就不是特别重要了。读者甚至可以将一个业务领域中不同价值链环节下的所有业务活动都连接起来组成一个特别复杂的业务活动，只不过这样做可读性会非常差。

如果从快速入门上手的角度看，可以先把业务活动的长度控制在 5～9 个业务任务这一范围内。根据美国科学家米勒提出的"米勒定律"，人的记忆广度一般为 5～9 个单位，这就是很多人听过的"7±2 法则"。当然，这只是一种经验法则，实际上，当建模技巧熟练之后，建模者是不必刻意控制活动大小的，一切应以对业务的表达需要为主。

虽然不需要刻意控制，但还是建议一个业务活动的长度尽可能限制在一个价值链环节的范围之内，这样便于跨领域的分析比较。每个价值链环节内包含多少个业务活动可以相对自由一些，可参照对业务场景的需要进行划分。业务流程的分析重点在业务任务上，因为业务任务在后续设计中对构件设计影响比较大，关于这点后文还会进行详细介绍。此处出现的业务任务之所以不体现在元模型上，是因为笔者认为这里的设计只是一个"过程件"，构件设计中产生的业务任务才是最终的"交付物"。一个常见的 BPMN 工作流如图 8-2 所示。

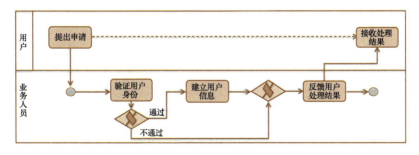

图 8-2　BPMN 语法下的业务活动示意图

这是一个模拟用户信息采集的流程，用户提出开户、注册之类的业务申请后，业务人员会验证用户身份，对于实名制管理要求高的行业，还需要到权威机构进行验证。验证之后是个判断网关，如果验证失败，开户将无法处理，业务人员要反馈给用户；如果验证通过，那就正常采集客户信息。采集用户信息这个任务之后的网关代表业务分支的汇合，也就是说，无论验证成功还是失败，都会向客户反馈结果，只是反馈内容不同而已。

这是一种抽象表达，这个过程在很多行业都已经是线上的了。"业务人员"这个叫法对于建模而言过于笼统，应该替换为一个更具体的岗位，比如客户管理岗、销售岗等，是具体承担这个职责的岗位，也可以是自动化岗位。

从建模角度看，这个活动无论是人工执行还是自动执行，无论是现场执行还是在线执行，基本规则是不变的。自动执行、线上执行主要改进的是效率和体验，比如在"空间"中，企业可以为用户提供的体验有可能是千变万化的。

做业务活动设计一定要经常问为什么，要明确活动设计的价值，存在的并非一定合理，企业架构设计本就是流程再造的最佳时机，所以业务活动的命名要尽量采用"动词+名词"的结构，说清楚活动的目的；活动之下划分的任务也要采用"动词+名词"的结构，道理是一样的。但是有时候会遇到重名问题，尽管汉语博大精深，但是在非常强调目的性的"动词+名词"结构下，重名有时候不太容易避免。其实重名也不要紧，毕竟活动和任务不属于一个层级，可以通过设计编号规则来解决重名问题，而不必特意为此玩"文字游戏"。

企业架构设计是从企业战略开始的，分析到业务活动这一层级时，要将战略分析过程中梳理出的能力需求落实到工作流中。所以要时刻提醒自己，业务领域内的活动是否能够有力地支持战略的实现，是否能够有效地服务客户，是否能够有效地应对行业竞争。如同荀子劝学一样来看待这三个问题："君子博学而日参省乎己，则知明而行无过矣。"

8.4 业务规则设计

业务活动设计的是业务过程，而业务过程要遵守一定的业务规则。业务规则经常会表现在企业制度、业务手册甚至是言传身教中，包括成文的和不成文的业务规则。随着业务系统越建越多，很多人认为业务规则应该内建到系统中。因为系统多数没有灰度概念，往往非黑即白，可以严格遵守规则，所以通过系统实现业务规则是最"可靠"的。

从业务设计的角度看，提炼业务规则的目的主要有两个，一是服务于后续的构件设计，二是服务于企业的知识管理。

1. 服务于构件设计

构件设计是要包括业务能力的，而业务能力跟规则之间有密切联系，比如，基于经济增加值的业务审核。经济增加值方法是一种对机会成本的比较，如果要将资金投资到某个项目上，则可以先与无风险收益做比较，比如国债，如果收益率高于这个无风险收益，那么经济增加值为正，值得投入；如果为负，那投资这个项目还不如去买国债。这样的审核方式需要的是对经济增加值的计算能力，也就是需要提炼出计算规则,有助于构件设计。

理论上来讲,每个业务活动执行过程中都会有一定数量的业务规则,每个业务动作都可以有自己的执行要求。但是此处所讲的业务规则提炼不需要面面俱到,而是要集中在可以单独形成构件的业务能力上。这样的业务规则往往是计算类业务规则,包括信用评分规则、客户画像规则、客户分群规则、缺口计算规则、折旧计提规则等,以及可以多处复用的规则。

并非所有规则都能简单地提炼成文字,尤其是现在很多使用机器学习方法构建的业务能力,表述其过于复杂的计算逻辑对业务设计本身也没有意义。笔者提倡提炼业务规则不是为了将规则作为文本记录,而是尽可能将业务规则结构化地记录下来。结构化地记录下来的规则,后续可以进行可视化的编辑和配置,形成规则引擎或者规则管理能力。以此为目的提炼业务规则,其效用是最大的。

在业务设计阶段对业务规则进行提炼和整理,仍然属于业务需求规划,是在确定要向后传导的关键点,所以并不是要在这里把规则一次性弄个明白。不要因为对业务规则细节的追求而影响架构设计的整体进度。

2. 服务于知识管理

企业也需要自己的"知识图谱",在哪些领域需要掌握哪些业务规则,这是企业最基本的知识,企业也往往要求从业人员拥有理解及改进这些业务规则的能力。规则既是岗位制定的,也反过来约束岗位的行为,对岗位从业人员的素质提出了更高的要求。结构化管理重要业务规则,也是对企业人才培养的支持。

一般业务规则设计与业务活动之间会有紧密关系,尤其是业务任务部分,业务规则通常会是由某个任务来执行的。所以,从建模操作的角度来讲,也可以将业务规则写在任务中,而不单独提炼出来。但是笔者建议,为了能够更好地形成规则配置能力和知识管理能力,可以将其单独提炼。在实际执行中企业可以自由选择,这并非固定的要求。

8.5 业务对象设计

软件设计主要研究的是行为和数据,流程模型分析了行为,数据模型当然就要分析数据了。笔者在 5.3 节介绍了业务数据建模的过程,业务对象设计是数据建模中的一个环节。

我们希望通过企业的信息化、数字化让企业具备更高的执行效率和更强的体验改善能力。为了充分发挥数据的作用,就要让尽可能多的业务过程被信息化,从而使相互之间有关系的业务过程和处理结果都能被系统记录下来并进行分析。

数据类工作以前都是以技术人员为核心开展的,因为他们与系统功能、数据库设计都密切相关。但是随着信息化程度的加深,企业越来越需要业务人员具有更强的数据意识,因为大数据能力不会"自我进化",它需要业务人员通过建设性的使用来不断提升平台能力。否则,平台即便建好了也只能原地踏步,甚至逐步退化为报表平台。

为了增强业务人员的数据意识，企业需要从业务人员对现有业务的数据化理解方面开始，引导业务人员用"数据"观察世界，而不是将目光仅停留在报表或监控大屏上。这一切都是为了让业务人员能够提出更好的需求。

用数据观察世界的第一步就是认识业务对象。业务对象的识别源自业务活动，也就是说，二者一定要结合在一起分析，不要单独去处理。企业在项目上投入的业务人员原本就非常有限，分开处理可能是对资源的浪费，而且业务人员对问题的表述也未必总是一致的，分开处理反而可能产生误差，也不符合本书提倡的将数据架构融入业务架构的主张。

业务对象的识别就是结合业务活动分析用到了哪些东西、产生了哪些东西，比如 8.3 节中用户信息采集这个例子中，业务人员至少会意识到有用户、身份证这两个信息，进一步识别，也许采集了用户的地址。通过对业务过程的描述，业务人员也会意识到自己做了至少三件事情，接受申请、验证身份、发送反馈信息，可以暂时将其描述为"业务"这个对象，不做进一步的细分。当然别忘了，还有业务人员自己。识别的业务对象可能如图 8-3 所示。

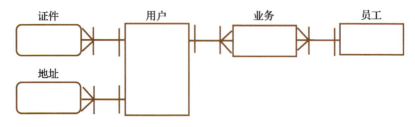

图 8-3　与用户信息采集相关的一组业务对象示意图

结合 8.3 节的业务活动设计,这里可以建立如图 8-4 所示的关联关系。

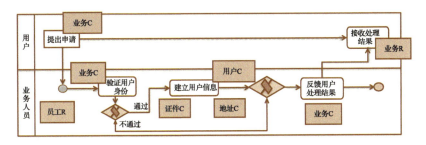

图 8-4 流程与数据结合的分析

数据的读写操作一般可以分为 C(Create,创建)、R(Read,读取)、U(Update,修改)和 D(Delete,删除)。在流程与数据关系分析中很少用到 D,因为数据通常比较宝贵,生命周期比较长。在用户信息采集过程中,读者可以看到数据创建和读取的位置。在这个活动中,员工显然不会在这里被创建,所以是 R 的关系;给用户的反馈也不会创建两次,所以用户接收到的通知是 R 的关系。

这样的过程中也可能会应用到一些在 8.4 节中介绍的业务规则,比如用户分类规则,可以根据采集到的地址信息进行用户的初步分群判断,因为居住地可能具备判断用户消费潜力的某些特征。这样的规则属于可以在多种场景下、不同业务任务中重复使用的规则。

这样的分析过程并不复杂,业务人员也可以完成,但如果技术人员总想让这些工作掌握在自己手里,那就相当于在一个很基础、很简单却又很需要共识的环节上遮了一层"神秘"而容易导致"误会"的面纱。如果技术人员"跨"过了这一过程直接去设计库表,那无疑是在给未来"埋雷"。

8.6　业务设计成熟度分析

笔者自己归纳的业务设计成熟度分析模型如图 8-5 所示。

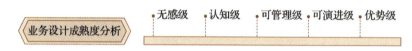

图 8-5　业务设计成熟度分析模型

1）无感级：成熟度最低的一级，企业尚不具备明显的流程管理能力。

2）认知级：认为流程管理有必要，已经在企业内部制定了部分关键流程。

3）可管理级：有明确的流程管理要求，乃至有明确的流程管理部门，有大量规范的业务流程等，对流程效率有整体评估。

4）可演进级：流程完全结构化，有管理工具支持流程管理；流程与战略管理具有良好的结合性；流程可以对组织变化做出一定响应；具备一定的灵活调整能力，可培养自己的流程改进人才。

5）优势级：具备较强的灵活调整能力，能够对战略、组织的变化进行快速响应；流程管理形成的优势为市场所公开认可；流程可由员工自发管理；拥有有影响力的业务专家。

8.7 小结

本章主要讲述的是业务设计过程。业务设计是战略和组织设计的延续,也是对其落地执行的设计。

业务设计中,企业面对的是一个由价值链和业务领域交织的"动态"的棋盘,通过设计棋盘来决定企业的"格局",然后在"格局"中排布自己的业务"棋子"。

这些业务"棋子"包括业务活动、业务规则、业务对象,业务活动中还包括根据岗位划分的业务任务。正是对这些"棋子"的清晰定义,企业才有了下棋的"自由"。

在业务设计中,需要打破以往对业务和数据分开建模的习惯,要集中在一起分析业务活动和业务对象,也未必再需要单独表示传统意义上的数据架构。数据模型依然保留,但是在架构上,只有流程模型和数据模型放在一起设计的业务架构,数据模型主要是对数据关系的说明。

| 第9章 |

业务构件设计

"业务构件"是笔者在《企业级业务架构设计：方法论与实践》一书中提出的一种业务架构设计方法。在该书中，笔者将其作为可选方案，也就是说，依靠传统的流程与数据建模方法，在行为和数据结合分析的基础上，就可以设计出以任务和数据实体为聚类对象的业务组件，结合价值链、业务领域等要素，可以构建出企业级业务架构。

但是实践证明，该方法对于技术开发而言，业务模型的颗粒度仍有些差强人意。组件级的指导没有问题，但是对更具体的开发和组装式设计的指导能力仍需要加强，所以，笔者把"业务构件"作为了一种增强方案。

这种设计方式的主要目的是希望业务架构与应用架构之间能够有更直接的联系。近些年，DDD 的优势正在通过与微服务的结合显现出来。笔者最初接触 DDD 大约是在 2016 年，由于当时所在企业没有此类实践而一直停留于学习阶段，但是 DDD 的优点令笔者印象深刻，因此笔者从未停止对该方法的关注，也希望能够将它的优点引入传统的企业架构中来。

但是，DDD 与传统的企业架构的结合并不容易，尤其是在数据模型部分。所以，笔者主要是借鉴了 DDD 的思维模式，而不会将该方法直接引入架构方法论中。在笔者看来，这种结合不需要对传统方法做极大改造，因为二者本身都是考虑如何将行为和数据的分析结合起来去进行架构设计的。此外，DDD 的表达方式对业务人员而言并不是十分友好，即便对技术人员而言，也有较高的学习成本。所以，笔者在本章中依然使用构件设计这一方式来吸收 DDD 的优点，并保持传统架构方法的业务友好性。

构件设计不是一个新概念，其思路早于 SOA。SOA 是公认的构件设计的一种落地方式，所以笔者沿用了这一思路，以尽量减少增加"概念"。

构件设计是业务架构设计过程的最后一个环节，因此本章也会对业务架构做一个总体回顾。

9.1 构件设计的缘起与发展

软件设计一直希望能够通过对原有成果的复用来实现新的需求，从而达到快速响应和降低代码资源"浪费"的目的。如果代码片段能够像"乐高积木"一样通过标准化接口"自由"组装，那么软件开发的灵活性将大大提高，这也将让沉淀在软件设计中的领域知识不必"一而再，再而三"地被重复实现。

这种"乐高积木"式的设计思路在软件领域中早已存在，并且还有一个很高端的名字——基于构件的开发（Component-Based Development，CBD）。关于 CBD 的文献有很多，例如 Alan W.Brown 所著的《大规模基于构件的开发》。

《大规模基于构件的开发》一书中提到了 CBD 的两种建模方法，一种是基于 UML 改良的，另一种则是基于 Catalysis 改良的。前者是在分析用例、顺序图、类图的基础上，分析构件的关系并建立构件图，再通过部署图描述构件的部署位置，从而形成一个完整的构件建模过程。后者与前者相比增加了对构件间交互模式的建模，将建模过程划分为"理解上下文、定义构架、提供解决方案"3 个环节。其中"定义构架"环节需要决定如何将行为包装成一个独立的单元，该单元可被不同项目共享。

比较有趣的一点是，该书认为"虽然我们用正向的观点来描述构件图，但它们通常更多地用于对一个现行系统进行逆向工程的早期阶段"，这似乎说明了在早期的实践中就出现了构件不易在系统初次开发时被有效识别的问题。

CBD 的实现方式之一就是读者耳熟能详的面向服务的架构（Service Oriented Architecture，SOA）或者服务组件架构（Service Component Architecture，SCA）。SCA 实际上包含在 SOA 的范畴之内，强调二者区别的观点主要认为 SOA 只是个不十分明确的架构概念，而 SCA 具有清晰的内涵和规范标准。SCA 提供了构建"粗粒度"组件的机制，这些"粗粒度"组件是由"细粒度"组件组装而成的。现在的开发者也许会认为微服务是更好的构件实现方式，DDD则是微服务设计方面的"好搭档"。

国内也有很好的构件设计方面的专业书籍，比如由黄柳青、王满红二位老师编写的《构件中国：面向构件的方法与实践》。书中以一家电信公司为例，全面介绍了构件的设计方法、基于构件的工程管理、组织管理等内容。此书曾是国内不少技术人员的启蒙书。

对上述构件设计理念感兴趣的读者可以自行查阅相关书，本书在此不做赘述。

9.2 构件设计的主要困难

面向构件的设计在理论上似乎是非常完美的，但是在操作上却有一个很直接的问题：一个构件该有多大？这是所有的架构设计方法论都绕不开的关键性操作问题，即方法论中主要设计元素的"颗粒度"到底如何把握。

这确实是个难以回答的问题，Zachman框架、TOGAF、CBM、中台、BIAN其实都没有给出界定一些主要设计元素的依据，有时候还有先验性的成分糅合在其参考框架中。这个问题的根源在于，如果业务侧没有对业务主要设计元素的清晰界定，那么应用架构自然也没法回答，所以无论是SOA还是后来的微服务，都没有办法很好地处理"颗粒度"问题，以至于Uber公司曾经发过一篇文章讨论要不要开发"宏服务"。

"颗粒度"之所以重要，是因为"颗粒度"是对变化进行封装的边界。"颗粒度"太大，就会导致要素包含的内容太多，变化太频繁，单元不稳定；"颗粒度"太小，会使服务编排和通信机制拥塞不堪，最后形成一个混乱的网状系统，使得迭代、升级变得异常复杂，好不容易通过微服务走出了"单体地狱"，结果又进了"混沌世界"。读者可以研究一下阿里巴巴集团 2015 年发起"中台"项目的初衷，中台也相当于是缺乏对微服务的有效管理导致的重构。"颗粒度"问题如图 9-1 所示。

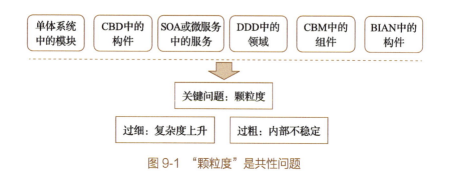

图 9-1 "颗粒度"是共性问题

构件设计发展的时间也不算短了，很多国内外专家也都进行了很深入的研究，却一直没有很理想的进展，核心就是解决不好设计的"颗粒度"问题。但这不仅是个设计方法问题，还是个组织方法问题，因为在以往的工程实践中，业务人员参与度不够，也不是在通过工程实践反思业务。工程理论、架构理论都是给技术人员用的，系统建模方法也是，无论是类图、时序图、状态图，还是最简单的用例图，都不是业务人员真心实意接受的。缺少业务人员的深度参与，可能正是"颗粒度"问题始终难以得到解决的重要原因。

试想，如果业务人员自己都说不清业务是不是能灵活组装、如何组装，那技术人员是怎么判断自己的设计能够灵活支持业务的需要呢？技术人员自己觉得对就可以了吗？SOA 和微服务难道是用来解决技术问题的？

笔者认为企业架构的一大责任就是"促进业务与技术的深度融合"，那么，缺少业务人员的深入参与，偏重从技术视角出发的设计方式，未必会带给技术人员自由。企业架构如果不能走出技术圈，可能业务和技术就都不用去想真正的自由了。

近几年，有不少采用 DDD 指导微服务设计的实践也获得了较多的关注。但是 DDD 方法本身的学习门槛比较高，不容易掌握，即使是规模不大且较为成熟的架构师团队，要在内部对其方法理念达成基本一致的理解，大概也需要半年左右的时间，显然也无法指望业务人员能掌握它，并把它带入业务中去。它也许能帮助技术理解业务，但是不能帮助业务理解技术为什么要这么设计，因为它依然不能算是一个"业务视角"的方法。

经过很多思考，笔者最终还是觉得按照本书元模型的设计，在第 8 章的"业务设计"基础上进行"业务构件设计"，是可以被业务和技术两侧都接受的方法。

9.3 构件设计的关键要素

从 4.3.5 节介绍的业务构件元模型中可以了解到，业务构件元模型中有三个关键要素，业务构件、业务任务、业务数据。它们之间的关系是：业务构件包含业务任务和业务数据，业务任务和业务数据组成业务构件；业务任务会生产或者消费业务数据，业务数据则被业务任务生产或消费,这是业务架构中看到的最细粒度的"一切业务数据化,一切数据业务化"。业务构件可以视为业务能力的载体,面向数字化,笔者认为,业务能力的最好定义就是,为实现预期目标而对业务数据进行的一系列业务操作,即业务行为和业务数据的合并。业务能力应该是一个过程,也必然包括一定的数据,无论人们从直观上看到的是什么,否则它既无法被感知,也无法被改进。

从元模型的关系上可以看出,业务构件是用来组装业务活动的,而业务数据是由业务对象细化而来的。业务任务是真正的业务行为,所以业务构件本身是个逻辑概念,它有聚合能力,业务构件的聚合就是业务组件,所以业务组件依然是根据数据和行为进行的聚类,这一本质特征没有改变。尽管业务组件也是个重要的业务架构元素,但是与业务领域一样,它是聚合的产物,因此不必体现在元模型上。

9.4 业务数据设计

1. 让专业的数据做专业的事情

业务对象设计是从概念性的认识出发,找到业务过程中要处理的东西,并初步识别了对象间的关系。到了业务数据设计这一步,就要将数据设计的一些规范性操作引入进来了。

业务对象设计是不需要识别具体属性的,但是到了业务数据阶段,则要把数据属性识别完整。随着属性识别的增加,原有的业务对象可能需要进行拆分了,不然一个业务对象内含有几十条、上百条属性,就会把很多看似相关、实则无关的业务行为也都捆绑在一起,我们也就不必再研究"颗粒度"了，直接把系统做成一个"大泥球"就行了。

举个从业务角度去理解这个问题的例子：小张是银行的客户经理，与客户相关的客户信息建立、开户、产品设计、产品销售、风险控制、监管报表全都给小张自己做，小张自己就是个"小型银行"，那银行也就不用设立信贷部、风险部、合规部、产品部、科技部了，反正所有与客户相关的工作都由小张负责。

实际上这是不可能的，小张自己做不了这么多的事情，所以，业务上是要讲分工的，技术上也一样。业务上，专业的事情要交给专业的人做；技术上，专门的功能也要交给专门的程序去做，专门的信息也要交给专门的数据去记录，道理是相同的。

2. 操作建议

业务构件设计看起来只有三个要素，再加上一个隐藏的聚合要素"业务组件"，也不过是四个要素，但这四个要素就足以搅乱整个企业软件设计领域，各类方法论经常自说自话，互不服输。

按照笔者之前阐述的业务要与数据一同考虑的设计建议，业务构件、业务任务、业务数据这三个要素在设计顺序上其实不分先后，应该同时操作。如果勉强安排个顺序的话，业务任务和业务数据的分析至少应当同步进行，之后确定业务构件到底是什么。但实际上，从第8章的业务活动、业务对象、业务规则向下细化分析的话，业务构件是在业务活动之下，尤其是基于其中的业务任务进行推导的，所以说它是对原有业务活动的"精化"。

笔者写作只能按照从数据到行为的顺序，从业务数据开始讲起，但是请读者务必记住，在实操上这三者不能拆分开。

业务数据设计大部分时间实际上是在做数据模型的细化，既包括从对象到实体的细化，也包括从实体到属性的细化，而属性细化的结果很可能带来实体或者对象的调整。如果一个实体或者对象过于庞大，做出来的程序也会是混乱的。

数据建模在这方面有自己的范式要求，也就是常说的"三范式"，这部分的详细内容本书不再赘述。"三范式"的核心目标就是要识别出一个真正"唯一"的实体，实现数据在逻辑上的"专业分工"。

属性识别方面也有一些很细致的要求，这些要求都需要建模人员与业务人员进行反复沟通和确认，比如是否存在多值问题，是否属于派生指标，是否冗余，等等。这些问题都不是建模人员自己就能决定的，必须与业务人员达成一致。这些努力最终是为了实现数据的标准化。

作为企业级数据模型，实体和属性都要保证唯一，做到这一点对数据设计而言虽然麻烦，但并不困难。通过仔细筛查就可以比较出名称、定义、取值重复的数据项，从而保证数据的唯一性，尤其是在有工具支持的情况下。

对于企业级设计而言，数据是可以根据需要自由流动的。当然，这种流动也是建立在企业级数据模型对数据的统一定义的基础上的。此外，数据也是有生命周期的，应尽可能识别数据的生命周期，并据此建立良好的数据管理流程。数据管理本身也是一种业务活动。

3. 参考例子

继续以 8.5 节中用户信息采集模型为例。经过更仔细的分析，除了可以识别大量属性之外，业务人员也许会觉得"业务"这个对象分得太粗糙了，可以继续细分出一些子类型。精化后的数据模型可能如图 9-2 所示。

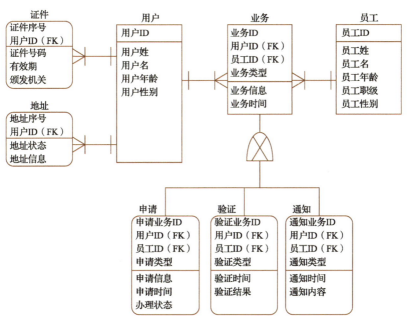

图 9-2　精化后的数据模型示意图

这是以"用户"这个核心业务对象为基础，聚集起一个以"用户"为主题的数据范围。这个范围可以称为"主题域"，它的特点就是，"主题域"中的数据实体都是与"用户"这个核心数据实体密切相关的。

当然，在本例中，如果严格区分，"员工"实体应该是外部引用，即来自其他主题域。类似"用户","员工"的相关数据也足以聚合成一个主题域。"通知"也可以是外部引用,因为企业可以做一个信息反馈中心,类似短信中心,提供各种信息模板供各业务领域使用,也可以形成自己的主题域,或者在其他主题域中。这种情况下,作为父类的"业务"是否需要保留这个抽象也是有待商榷的,要看业务的实际需要了。

所以,数据设计和业务设计是分不开的,独立考虑数据或者独立考虑业务都是不完整的。

4. 与 DDD 做个比较

说到这里,笔者想再谈谈传统数据模型与 DDD 之间的关系。其实,主题域也可以按照实际对应的业务活动、业务任务再划分成多个不同的限界上下文,比如"用户""证件""地址""申请""验证"中包含的数据属性可以在核心域中转化为 DDD 的表达方式,"通知"可以在通用域中表达。所以,用实体模型结合流程模型未必会妨碍表达与 DDD 同样的想法,或者说,二者本就是相同内容的不同表达方式而已,因为无论用哪个建模方法,并不会妨碍数据本身的识别和实际上要对数据进行的处理,并不是用了 DDD 方法就可以让使用者发现更多的行为和数据。

在笔者看来,在设计这个领域中,有一件比较玄妙的事情,如果设计者知道自己到底在做什么,那所有的方法几乎都是等价的。正如本书一开始引用的被誉为"平面设计界的毕加索"的保罗·兰德所著的《设计的意义》一书中所指出的那样,"内容是设计最原始的材料。接下来的形式,是内容的重组与操纵"。但是,当设计者拘泥于形式的时候,争议就会"满天飞"了。

9.5 业务任务设计

1. 业务任务常见的两大类别

"业务任务"的设计是对业务活动识别过程中根据角色划分的那些"任务"进行再一次细化。因为"业务数据"已经细化了，那么根据"业务数据"设计的业务行为也可能会与原先的"任务"边界有区别，可能会产生对原有"任务"的进一步调整。

调整总体上要把握住业务任务常见的两大类别：流程类任务和规则类任务。原有"任务"是按照业务操作过程描述的，其中既有对操作顺序的描述，也有对每个步骤涉及的业务规则的描述，这些规则很可能会构成具有独立变化逻辑的构件。比如在一个很简单的银行账户取款过程中，可能需要判断客户的存款账户是否允许透支或者余额是否充足。这些判断逻辑可以简单按照操作顺序写成一个面向过程的实现，也可以通过一段组织取款流程的程序调用一段实现判断规则的程序来实现，二者分离后，取款规则的变化可以独立迭代，与流程实现之间互不影响。在第 8 章介绍的业务设计过程中分离出来的"业务规则"可以在这个阶段被设计成规则类构件，以更广泛地进行复用。

这个过程的质量保证在于与业务的充分沟通。以往的实施中技术人员往往理解了业务过程后就去进行设计了，而很少深究业务本身的"积木化"，但这正是找到业务和技术双方理解一致的"灵活组装"的基础。只有业务和技术双方对表现业务可组装性的逻辑结构达成一致的认知，才能实现真正的"灵活组装"，否则技术人员很难猜透业务的实际情况。

2. 操作建议

技术要诱导业务人员讲清楚业务可能有哪些灵活变化,而最有效的诱导办法莫过于询问业务人员这个"业务任务"在不同的场景下是不是可能不需要,如果是,那就意味着这里存在根据不同场景的"组装"需求,也就找到了"积木块"的设计依据。

业务人员也要理解技术人员为什么会拆分一些新的"业务任务"出来,比如上文银行的例子中就可能导致出现一个新的判断取款规则的"业务任务",业务人员要试着带有一些"技术视角"或者说用"关注点分离"视角去看待对业务过程的结构化,逐渐帮助自己从习惯性的理解中找到结构化设计的感觉和价值。

这个过程中没有什么神奇之处,无非是业务和技术的深度合作,这也就带动了业技深度融合,业务只有帮技术更好地理解业务,技术才知道怎样可以发挥技术的价值去改善业务。

从上述介绍中可以看出,不同以往的是,这不是一个单纯的需求澄清过程,而是一个业务人员和技术人员共同设计业务结构的过程。如果突破了"业务提需求,技术搞实现"的传统窠臼,这一过程就能够演变为业务人员和技术人员共同寻找"乐高积木"的过程。

这样的过程对业务人员略有挑战,但并没有挑战到极限。大多数人的思维都有一定的结构化基础,只是可能没有有意识地去应用,这种应用能力稍加训练,就会产生很明显的效果。

如果业务侧能够推广业务模型在业务侧的使用,比如培训业务、创新产品,那整个企业对市场需求的理解会迅速从业务传导到技术,从而加速整个企业的创新和应变。这就像一个神经系统，神经元之间连接充分了，刺激传导就快，如果神经元之间断开了，那刺激传导自然就会有问题。

读者稍加回味就可以发现，本书第1章介绍过的大多数企业架构方法论都在试图寻找建立这一连接的方式，然而，笔者根据自己的研究和经验发现，建立这一连接的关键并不在于方法论，而在于业务和技术之间的结合程度、交流程度，也就是执行方式。将一切都寄托于某种方法论，最后也可能会让方法论不堪重负。

3. 参考例子

继续以 8.3 节中用户信息采集活动为例，经过业务和技术的共同讨论，对于"验证用户身份"这个任务，出于分离变化的考虑，有可能将其拆成两个任务，其中一个继续沿用原来的任务名称负责组织验证过程，也即流程类任务；另一个负责完成与权威机构之间的验证，可以将名字定为"获取外部验证结果"，权威机构返回的结果可以视为"回执"，也可视为某种规则类任务。

这样分开的好处是，如果与权威机构之间的验证方式有变化，一般只需要调整"获取外部验证结果"这个规则类任务就可以，而且这个任务也可以用于建立其他需要通过外部权威机构验证身份的场景，分开后，这个任务的通用性会更强。而"验证用户身份"在实名制要求下降的场景中，也可以不再与"获取外部验证结果"相连接，这也是对业务可能存在的灵活变化的识别。考虑到这种要求，数据实体"验证"中也可以增加属性"实名验证要求"，取值为"是"或"否"，用于设计业务控制参数。调整后的业务活动如图 9-3 所示。

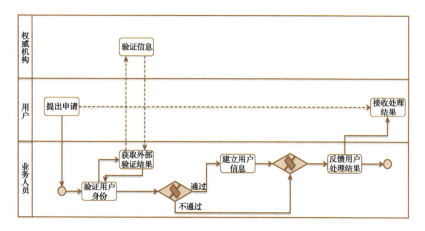

图 9-3　调整后的业务活动示意图

在增加了"回执"这个实体之后,业务活动与业务数据的关系如图 9-4 所示。

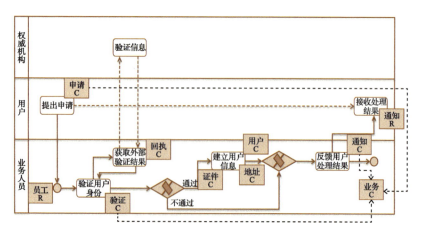

图 9-4　调整后的业务活动与业务数据关系示意图

在 9.4 节中增加的申请、验证、通知三个业务子类型已经反映在活动与数据的关系图上了。由于增加了新识别的"回执"实体，9.4 节的数据模型也相应调整，如图 9-5 所示。

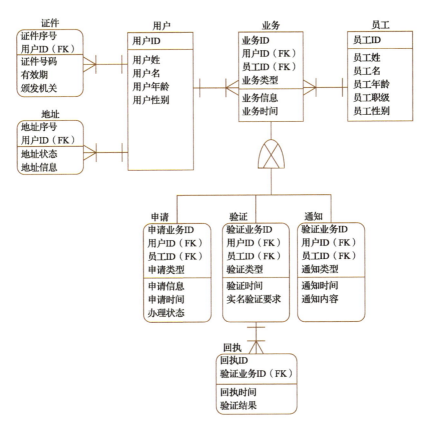

图 9-5　调整后的业务数据模型示意图

4. 用户旅程

由于现在企业普遍关注用户体验，所以，业务任务的设计也应当结合"用户旅程"方法。6.3.3 节已经提到过通过"用户旅程"方法在战略设计阶段展开对客户"痛点"的收集，那么这些"痛点"也应当作为需求带入业务任务和业务数据设计中来，作为从"现状模型"走到"目标模型"要解决的问题。

需要注意的是，"用户旅程"提倡与用户一起进行流程设计，这意味着，业务任务设计过程中需要适度增加用户参与。由于用户时间宝贵，即便用户愿意配合，也很难占用他们很多时间，因此，引入"用户旅程"方法设计业务活动时，需要带有"敏捷"特征，通过头脑风暴、低精度原型等方式，快速获得"目标模型"，然后再回到内部进行深度讨论。有必要时再与用户进行短暂沟通，这样可以将"用户旅程"方法融入业务建模过程中。要注意的是，不能为此过度打扰用户。

9.6 业务构件设计

1. 通过打磨形成业务构件

在完成业务数据和业务任务的设计后，业务构件设计仅是一个逻辑定义过程，虽然简单，但这是业务结构化定义的最后结果。以往的业务分析虽然遵循了结构化的要求，但是产生的设计成果，也就是业务分析文档，却是个非结构化的文件，在很多项目中，会长时间不更新甚至丢失此类文件，不利于使用。业务构件是逻辑性的定义，其中的业务任务和业务数据都可以结构化地表达，可以通过工具存储。如果业务构件能够被业务侧广泛使用，那么更新就不是问题。更新问题其实主要由于架构设计一般都是停留在技术侧，而传统企业技术侧往往人力资源不足，无暇顾及更新。

业务构件设计可以演化成对业务需求的"灵活组装"。具体方式如下所示。

(1)通过业务构件提炼业务参数

业务构件中的业务参数与一般项目上做的参数化设计类似,可以通过业务数据中的属性提炼对业务任务进行执行控制且允许业务侧进行灵活配置的业务参数。在金融领域,参数化设计对于代理保险、实物贵金属、理财等标准化程度高的产品非常适用,因为产品之间几乎只是参数取值方面的差异。这点对于制造业来说也是一样的,对于数控机床之类的高精度工业机械而言,参数化能力比金融服务更强。可以在业务数据的属性上增加参数标识,以便在数据模型中很容易被识别出来,更容易形成"参数视图",供设计使用,比如9.5节中增加的属性"实名验证要求"。

(2)通过业务构件组成业务配置模板

这些带有参数的业务构件整合在一起就形成了一个有结构的装配模板,模板上既有描述业务构成的业务构件,还有对业务构件进行控制的参数。模板上可以定义执行顺序,这样就达到了在业务侧进行业务构件编排的目的,可用于"组装"业务实例或业务产品。

这些设计内容向应用架构进行传导时,就将业务侧期望的"灵活组装"充分表达出来了。上述介绍的示意图如图9-6所示。

图9-6 基于构件的业务模板示意图

对构件边界进行长期的企业级打磨,最终会使构件能力的内聚性增强,职责更集约,从而能够更好地封闭变化,开放调用。如果能在实施及后续迭代过程中多注意对构件的企业级分析和对构件能力的开放共享，避免因构件能力与其主要应用部门间的关系而产生对其他应用的自然壁垒，就可以支持不同领域的不同活动对同一构件的自由复用，也就是常说的企业级能力复用。每个构件设计之初都会沿着价值链、业务领域、业务活动等高阶元素构成的交叉结构分解下来，但是谁也不能排除今后出现突破最初范围的复用，一切应视实际需要而定，毕竟互联互通才是企业架构的特征。

2. 参考例子

以 9.5 节梳理的成果为基础，可以识别出待确认构件的范围，如图 9-7 所示。

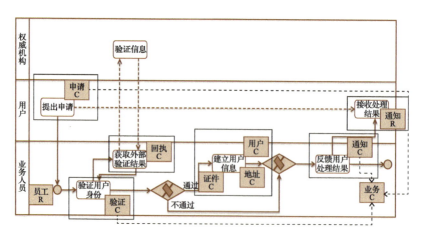

图 9-7　待确认构件示意图

图 9-7 中的构件设计是将业务行为和业务数据叠加在一起，实现对业务和数据的封装，这样的划分也是为了解决设计的"颗粒度"问题。

其实在本质上构件与 DDD 寻找的内容是类似的,只是走的路径不一样,当然,二者切分的服务也未必会一样,但是,对业务的理解则未必会有天壤之别。

上述构件经过确认后,可以形成如图 9-8 所示的具有编排特征的基于构件的流程。

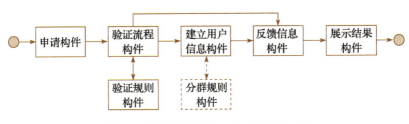

图 9-8　具有编排特征的构件流程示意图

上述构件可以通过业务模板的方式形成可装配的业务流程。如前所述,如果验证身份的要求降低了,则"验证规则构件"可以从业务模板上移除。当然,这样做的前提可能是"验证流程构件"具有可配置性,即该构件应该设有可配置参数,比如"实名验证要求"这个参数(参见图 9-5 的"验证"实体)。如果该参数配置为"否",则模板上不会有或者可以没有"验证规则构件",并据此排定一个连续执行的构件顺序;如果该参数配置为"是",则模板上也应该有"验证规则构件",且直连"反馈信息构件"这个分支可以发生作用。

此外,"建立用户信息构件"在真实应用中,有可能用户信息非常多,导致不适合一个构件完成,也可能会进一步拆分。在建立用户信息时,也可以同时调用规则较少的"分群规则构件"进行初分,这些需求都应该支持可以灵活实现的方式,也就是基于构件的编排式设计。

9.7 业务组件设计

业务构件可以聚合成业务组件，聚合的依据是业务数据的关系远近。但是因为业务组件是个聚合概念，所以其定义其实不再重要了，它更像是一个可以随时调整的"行政区划"。

随着工程技术的进步，技术架构中的分布式技术、逻辑单元化等设计方法的发展，实际上也在要求业务架构设计的灵活化。逻辑单元的构成可能是子系统的概念，也可能是任何既有子系统的水平扩展，也很可能是快速组建的逻辑子系统及其扩展，因此，业务组件的概念逐渐在失去其边界意义。

此外，如果读者有兴趣，可以研究阿里巴巴集团"拆"中台相关的一些报道，其中反映出的一个问题就是如何提升架构设计的"灵活性"。架构不一定遵循一种固定模式，即便在一个企业内也是如此，架构设计最终也要服从企业利益，也就是说当业务收入可以覆盖业务成本时，为了迅速占领市场，可以适当打破既有架构进行设计，这就是不必过度解读"拆"中台的根本原因。

"拆"实质上也证明了对业务组件的严格定义并非是一个架构设计必须遵循的原则，定义好更基础的架构元素比严格定义这一层级的可聚合元素更重要，业务组件这一层级的元素保持可聚合性、可重构性才更有利于整体架构演进。这是顶层设计能力与底层标准化能力结合，支持中间层级业务应变能力的最佳方式。

尽管如此，现实中，业务组件与业务部门或者业务团队可以有一定的对应关系，并基于此进行业务需求管理和数据治理的责任分工。这一点在架构治理、数据治理工作中还是有一定的参考作用的。

9.8 业务构件成熟度分析

笔者归纳的业务构件成熟度分析模型如图 9-9 所示。

图 9-9　业务构件成熟度分析模型

1）无感级：成熟度最低的一级，企业尚不具备明显的构件设计特征。

2）认知级：认为构件设计有意义，尝试进行相关研究，部分现有设计方法借鉴构件思想。

3）可管理级：部分领域有构件设计成果，有构件设计的相关规范。

4）可演进级：构件设计较为普遍，有开发工具支持构件设计，有基于企业架构和构件逻辑的业务架构设计方法论，可培养自己的具有良好业技沟通能力的业务架构师。

5）优势级：构件设计模式及其形成的优势已经为市场所公开认可，能够影响其他企业推动相互连接的构件设计，拥有具有影响力的业务架构师。

9.9 小结

经过从战略到构件的分解，业务架构设计部分已经介绍完毕，在此进行回顾和总结。

在第 4 章介绍业务架构元模型时，笔者比较过该元模型与其他架构方法论之间的差异。本书介绍的业务架构设计模式基于一个与过程结合的元模型系统，元模型不是抽象地只表达要素关系，而是结合过程看待要素关系，这样形成业务架构开发过程与内容元模型的统一，使读者不必分开学习二者。

此外，业务设计中的业务任务是初步设计结果，一般在企业架构设计过程中，通常会包括现状建模和目标建模两个阶段，这是为了首先理解企业现状，再将战略因素导入，形成目标模型，实际上相当于进行了两次有联系的建模工作。但是笔者认为，可以将业务设计这种初步设计当做现状建模，而将导入目标后再进行的构件设计作为目标建模，这样可以节省一定的现状建模工作量。

业务架构设计本不应该复杂，因为企业已经很复杂了，不应该额外添加认知过程的复杂，而是要通过认知过程直接去了解架构设计的关键元素及其关系，这样的方法论才容易掌握。本书介绍的业务架构设计过程尽可能遵循这一理念。

业务架构的设计方法虽然不应当复杂，但是这丝毫不会影响企业自身的复杂，所以，业务架构的设计过程依然会比较烦琐，需要处理大量跨领域的分析、整合，以及本书第 16 章要讨论的标准化问题。企业应当把精力放在应对烦琐问题，提高标准化程度上，而不是业务架构工具的复杂性上。这是企业学习业务架构设计进而建立自身企业架构方法论时要遵循的原则。

业务架构设计本身就像是一个"照镜子"的过程，企业自身是什么样，"照"出来也就是什么样；企业预想自己未来是什么样，"照"

出来也就是什么样。不要指望业务架构设计会"美化"企业，这是不切实际的，它是一个客观的执行过程，而不是一个主观的想象过程，因此，不要指望业务架构会让企业"焕然一新"，变化是由于企业具备了掌握全局的能力而发生的，是来自企业有目标的设计，而不是仅仅因为采用了某种业务架构方法。此外，设计业务架构而不执行，或者简单抄袭业务架构而不去适配自己的企业，都可能是比不做业务架构还糟糕的选择。

不要总试图去简化业务架构设计环节，设计过程代表的是设计者对企业的认知过程。从操作上看，战略设计无法省略，不然企业经营就更像是在没有方向地赌运气；组织设计无法省略，不然企业根本无法有效管理企业人员，外界也无法与企业合作；业务设计无法省略，不然企业的生产经营活动根本无从开展，更谈不上建立自动化、智能化企业；业务构件设计不建议省略，因为这是在解决当前多数企业架构方法论都没能处理好的问题，即业务设计如何转化为技术设计。在实际工作中，建议业务和技术一起在这个阶段实现"积木化"设计。

这些过程是架构设计者认知企业并将企业内外部关键元素连接起来的过程，任何方法论都无法真正简化这些认知过程，除非刻意忽略。根据泰斯勒定律（也称"复杂度守恒定律"），每一个过程都有其固有的复杂性，存在一个临界点，超过了这个点，过程就无法再简化，只能将固有的复杂性从一个地方移动到另外一个地方。通俗点儿讲，对过程的过度简化，只是换了个地方"埋雷"。就像软件工程方法论发展至今，人们依然无法真正省略掉"瀑布模型"中的任何一个环节一样，只能是通过对执行顺序的调整去努力提升执行效率。

业务架构设计总体上应该朝着"业务构件化、服务编排化、业务数据化"的方向努力。在这一方向下，业务是必须要结构化的，将流程和数据这两个部分良好地结合在一起实现结构化设计。

重点强调一下，面向数字化转型，业务架构应当是业务人员与技术人员共同设计的，不是任何一方可以单独完成的。业务架构提供的是业务和技术融合的机会，以及基于设计结果产生的融合后的业务能力。如果企业需要为此付出巨大的努力，那通常是因为企业过去的流程管理基础比较薄弱，无法基于明确的流程开展架构设计；企业的业务系统已经老化了，且数据在经历了多次加工、映射后勉强维持企业级应用，通过杂乱的映射关系掩盖了数据管理的缺陷；企业的主营业务非常不成熟，频繁切换赛道，以至于业务本身缺乏积累等。这些因素不仅很难采用业务架构方法去处理，也很难通过其他方法去处理，因为这是基础条件薄弱导致的问题，不付出一定辛苦就很难弥补。

既然业务架构需要业务人员与技术人员共同设计，实际上也代表了这并不是一个纯粹的、为了做系统而形成的技术方法。它是数字化时代认知企业的方法，也是数字化时代解决业务问题的方法。每个时代都会有具有自己时代特点的认知方法，业务架构就是数字化时代认知企业的最好方法，因为在这个时代，结构化思维是最重要的底层思维，是任何从业者都需要掌握的思维方式。

这是一个由软件和数据，当然最终还是数据，定义世界的时代。软件也是以数据形态存在的，而认知数据和软件最好的思维方式就是结构化思维。数字化企业都是具有一定技术特性的企业，都需要从业务到技术的快速传导。通过推广业务架构，企业可以提升业务人员的结构化思维能力，并统一业务和技术对企业、对业务的一致认知，从而提升传导速度。这种认知正是传统企业数字化转型中最重要的点。

业务架构的设计过程，可以用图 9-10 做个总结。

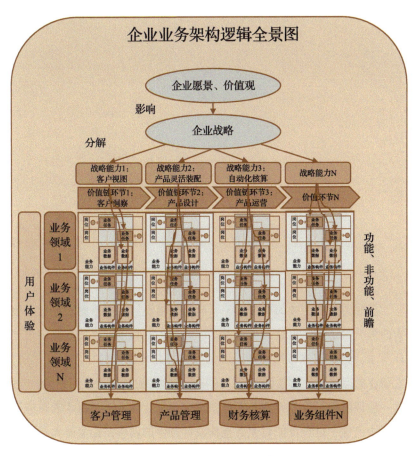

图 9-10　企业业务架构逻辑全景图

| 第10章 |

应用架构设计

按照传统的企业架构方法论，应用架构设计是技术侧进行业务分析的第一道工序，也就是从这道工序开始，是真正走入技术侧的设计环节了。但是在本方法论中，应用架构也并非纯粹的技术设计过程，它是业务架构设计的紧后工序，承接业务构件设计进行应用架构设计。这一设计过程不仅需要业务人员跟进，而且业务人员与技术人员应该共同协商这一过程可能对业务架构设计产生的调整，让业务人员了解技术人员的想法。相较于技术人员单纯按照自己的想法设计应用架构，这一过程更加准确，可以减少不必要的理解错误导致的返工。

对于企业架构而言，没有企业级业务架构就不会有企业级应用架构，因为那样的应用架构通常是技术人员根据自己的理解和眼前的难题进行的经验性改良，很少或者基本没有融合业务人员的企业级思路，不代表业务与技术的融合，也很容易导致最终的设计结果不被业务人员认可。

作为企业架构方法论，本书介绍的应用架构不会细化到服务集成、接口定义等实现级别，而是从关键元素的角度，侧重应用架构与业务架构的承接关系，并且聚焦在功能性需求中。

10.1 应用架构设计的关键要素

从 4.3.7 节介绍的应用架构元模型中可以了解到，应用架构元模型中有四个关键要素，应用编排、应用构件、逻辑功能和逻辑数据。它们之间的关系是：应用编排调用应用构件，应用构件被应用编排调用；应用构件由逻辑功能和逻辑数据组成，其构成类似业务构件，业务构件指导应用构件设计；逻辑功能承接和实现业务任务，消费并生产逻辑数据；逻辑数据承接和实现业务数据，被逻辑功能消费或者生产。应用构件可以聚合成应用组件，作为聚合类元素，应用组件不在元模型中显性表达，但是会包含在本章的介绍中。

本章的介绍对应业务构件设计的介绍顺序，从逻辑数据开始，到逻辑功能，再到应用构件、应用编排和应用组件。

10.2 逻辑数据设计

逻辑数据在设计上是对业务数据的承接，因此，逻辑数据与业务数据在概念上是一致的。设计时要关注以下几点。

1）逻辑数据的归属。逻辑数据是由哪一个应用构件负责管理的，通过应用构件的聚类可以清楚在哪一个应用组件中管理该数据，进而可以通过开发的分工确定是哪一个开发团队负责管理。相同的逻辑在业务数据中也存在，读者可以参看 9.4 节的介绍。这相当于在业务和技术两侧分别明确了数据责任，这一点对数据治理而言非常重要。这也是笔者更倾向于继续采用传统数据模型而非 DDD 模型的原因，因为传统模型更便于数据治理工作的开展。

2）对派生数据和更多的衍生数据的处理。业务数据的识别是以基础数据为主的，逻辑数据中则要完整识别派生数据和衍生数据。派生数据指的是由业务数据的一个或者多个属性转换或者实例化而来的属性，比如，可以从员工编号派生出柜员编号；衍生数据指由基础数据按照确定的计算规则进行数学运算产生的、具有业务含义的、需要生成且保存的数值型数据，特别是报表、指标类数据。还是以 9.4 节中的数据模型为例，如果"证件"实体中要求采集证件的"生效日期"和"失效日期"，那属性"有效期"就是衍生数据，是"生效日期"和"失效日期"的运算结果。如图 10-1 所示。

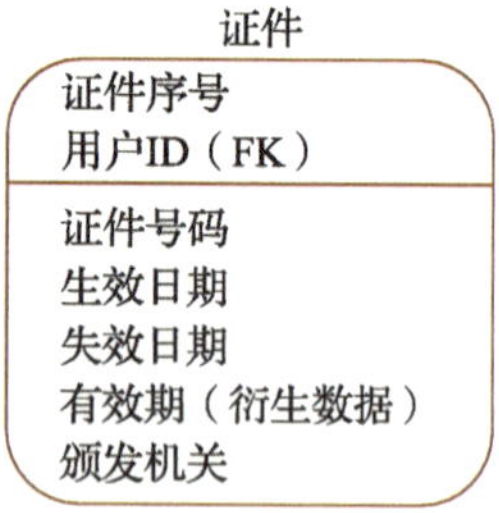

证件
证件序号
用户ID（FK）
证件号码
生效日期
失效日期
有效期（衍生数据）
颁发机关

图 10-1　衍生数据示意图

3）数据质量的控制。既然逻辑数据是对业务数据的承接，那前者对后者是否完整覆盖，表意是否一致，就是逻辑数据质量的重要检验原则。不能在逻辑数据设计中遗漏业务数据。

4）数据生命周期的管理。根据业务数据确定数据生命周期，制定数据管理规则。

10.3 逻辑功能设计

逻辑功能在设计上是对业务任务的承接，是技术侧理解了业务任务后提出的技术需求。设计时要关注以下几点。

1）隔离变化。隔离变化是逻辑功能设计中最常考虑的点，因为技术侧总是担心变化会耦合在一起。然而，如果变化隔离得太彻底，将造成逻辑功能设计的过细，关系过于复杂，所以，要平衡隔离的程度。但是考虑到在业务任务设计过程中已经进行过反复的讨论，所以逻辑功能的设计未必会产生特别大的调整。笔者在 9.5 节中介绍的工作方法实际上对此处的工作进行了一定的前置，除了"建立用户信息"任务可能需要根据实际情况进一步拆分外，其他业务与任务可以直接过渡到逻辑功能设计上。

2）共同设计。不建议技术人员单独设计这部分，如同在设计业务任务、业务构件时建议业务和技术人员共同设计一样，逻辑功能是对业务任务的实现，会影响后续设计应用构件。应用构件虽然是逻辑级的，但也是真正的"乐高积木"，这个"积木块"的质量需要业务和技术共同把握，包括对接口的定义。作为"积木块"，接口不只是技术概念，还是业务信息传递，是有业务含义且应该遵守业务标准的。考虑到未来的开放式企业架构，接口的定义应该是更为开放的行业级标准。

3）及时调整业务架构设计。企业架构中，每一个环节的设计都可能会对前一个环节形成补充和调整，如果在逻辑功能设计中发现应该对业务任务进行调整，也要及时回到业务任务中去，这样才能保证架构设计之间的衔接和一致性。这种一致性不是要求逻辑功能与业务任务完全一致，而是要保持一致的范围和清晰的映射关系。

10.4 应用构件设计

应用构件在设计上是对逻辑数据和逻辑功能的再定义,其目的是形成技术侧的"乐高积木",以支持业务侧的灵活组装能力。因此,应用构件的设计要受到业务构件的指导,一个业务构件可能最终被技术侧分解为不止一个应用构件,但是范围不能变化,对灵活组装的定义也必须一致,这样才能保证以后由业务侧发起的灵活组装需求是技术侧可以实现的,这种对应关系是低代码等快速开发模式真正的底层支持。

业务构件可以提炼业务参数,业务参数通过逻辑数据落实到应用构件上。如果业务构件进行了模板式装配的设计,这样的要求也要通过应用构件的相应设计加以保证,这一点体现在应用编排中。

应用构件可以成为单体模式下的功能模块、SOA 模式下的服务、微服务模式下的微服务的设计依据,当然,笔者最希望它成为行业级标准化构件设计中的构件。

10.5 应用编排设计

应用构件只是独立的功能零件,要经过编排才能成为应用。编排的设计主要有两种方式。

1)根据业务构件设计阶段产生的业务模板设计。如果这一阶段中设计了业务模板,那也就指定了业务构件的执行顺序,这种模板实际上就代表了一种应用模式。模板其实也可以成为低代码的设计助力,基于模板进行一定程度的代码自动生成。但这种模板方式未必适用于所有行业,应该根据企业的实际情况判断。该模式的设计思路如

图 10-2 所示。

2）没有设计业务模板的情况下，业务活动及其聚类就是应用编排的设计指导。如果分层去看，业务活动可以设计成一个较小的应用编排，而业务领域则可能设计成由业务活动对应的应用编排组成的更大范围的应用编排。公用类业务活动对应的应用编排更可能被不止一个业务领域级的应用编排调用，比如建立用户信息、财务核算、积分处理等公用类活动。该设计思路的示意图如图 10-3 所示。

从实现的角度看，这些应用编排既可以是企业服务总线（Enterprise Service Bus，ESB）之类的 SOA 实现模式，也可以是以服务的形态被写成应用的微服务模式。在领域级编排逻辑上也可以这样实现，特别是未来沿着全流程自动化方向设计应用时，可串联的应用编排可能越做越长，且带有一定程度的智能化。

完整的、完全基于应用编排的设计实际上也覆盖了数据架构中原本包含的数据流向设计。

10.6　应用组件设计

应用构件可以聚合成应用组件，聚合的依据是逻辑数据的关系远近和逻辑功能的相互关系。由于应用组件是聚合概念，所以应用组件的定义其实也不再重要了，如同业务组件可以用来划分业务部门或者团队的需求管理职责一样，它更适合基于应用组件划分开发团队，但是应用组件和开发团队也都是可以变化的。

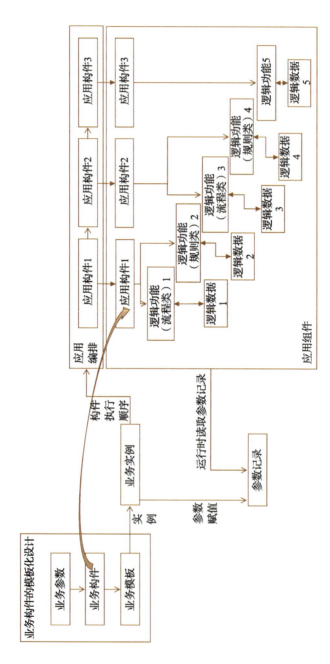

图 10-2 基于业务模板的应用设计示意图

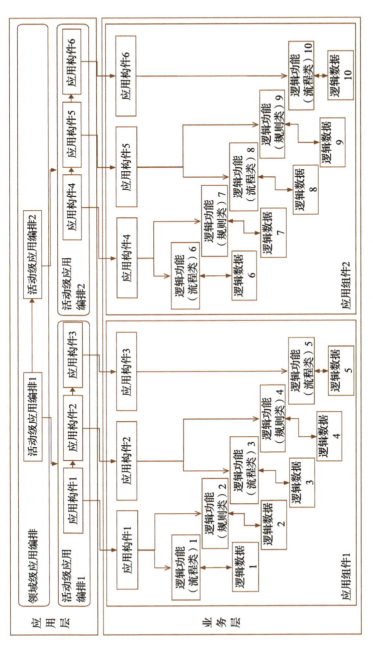

图 10-3 无业务模板的应用设计示意图

应用组件的内部结构示意图在图 10-3 中已经有所体现，不再另附图。

应用构件设计以及对应用组件的聚合，也可以解决大部分原本包含在数据架构中的数据分布设计问题。

10.7　应用架构设计成熟度分析

笔者归纳的应用架构设计成熟度分析模型如图 10-4 所示。

图 10-4　应用架构设计成熟度分析模型

1）无感级：成熟度最低的一级，企业完全不具备从企业级视角设计应用的能力和经验。

2）认知级：认为企业级应用架构设计有意义，尝试进行相关研究，在部分领域尝试从技术侧推动跨领域应用设计。

3）可管理级：通过大规模企业级工程，从技术侧推动企业级应用架构设计的横向拉通，业务侧参与度不高，初步形成企业级应用架构视图，培养了少量偏技术类型的应用架构师。

4）可演进级：业务侧深度参与，有基于企业架构的应用架构设计方法论，可以充分承接业务架构设计成果，可培养自己的能够跟业务架构师形成良好合作的应用架构师。

5）优势级：应用架构设计能够良好地支持业务架构设计及其变动，应用架构设计形成的优势已经为市场所公开认可，能够影响其他企业推动相互连接的应用架构设计，具有有影响力的应用架构师。

10.8 小结

在本方法论描述的企业架构下，应用架构设计是对业务架构设计的承接，而设计重点在业务架构设计，因为只有清楚地理解了业务才可能有良好的应用架构设计。在业务架构设计阶段如果实现了业务人员与技术人员的深入合作，那么应用架构设计阶段的压力会小很多。

应用架构设计总体上应该朝着"构件业务化、编排服务化"的方向努力，即应用构件的切分应尽可能有明确的业务含义，并将构件编排能力作为一种服务向业务侧提供。"构件业务化、编排服务化"与业务架构设计阶段提到的"业务构件化、服务编排化、业务数据化"是相对应的，在这一方向下，应用架构设计也要时刻考虑自身设计结果可被业务理解和应用的程度。因此，在这一阶段，业务人员与技术人员的合作是必要的。

这对很多企业而言都是一个挑战，但是，在这方面的投入与产出也是成正比的，如果系统设计效果始终让企业觉得不是很满意，那是不是应该考虑如何调整自己的开发模式呢？考虑在开发过程中如何增强业务人员与技术人员的合作水平呢？

| 第11章 |

技术架构设计

按照传统的企业架构方法论,技术架构是企业架构中最纯粹的技术设计部分,确实无须业务人员再参与。而且对于缺乏足够技术知识的业务人员而言,他们对技术架构的了解可能仅能触达技术架构设计最后展示的最高阶架构分层分域结果,也就是技术架构总共分了多少层,每层有多少个平台。

对于技术人员而言,技术架构中的每一部分论及技术实现时,都会是非常专业的领域,因为当今技术的垂直细分越来越强,领域越来越窄,完全可以在总体技术架构下设定一些子架构。其中较为特殊的一类专业领域是安全领域,安全领域专业性极强,而且其需求来源也较为特殊,经常是来自于安全事件形成的案例,来自于对攻击技术的了解,也即,安全需求很难由业务人员基于业务分析提出,甚至非安全领域的技术人员也难以提出合适的安全需求。此类问题也经常出现在网络架构的设计上。

作为企业架构方法论，本书介绍的技术架构也仅包含宏观结构设计。

11.1 技术架构设计的关键要素

从 4.3.7 节介绍的技术架构元模型中可以了解到，技术架构元模型中仅包含了两个关键要素，物理构件和技术平台。它们之间的关系是：物理构件被部署在技术平台上，技术平台负责部署物理构件调用。物理构件可以聚合成物理组件，即物理子系统，作为聚合类元素，物理组件不在元模型中显性表达；技术平台可以聚合成分层架构，作为聚合类元素，架构分层也不在元模型中显性表达。物理组件和分层架构都会包含在本章的介绍中。

11.2 物理构件设计

物理构件在设计上首先要完成对应用构件的承接。物理构件设计就是把逻辑功能实现为技术平台可以支撑的形式。技术平台可能支持多种实现形式，比如不同的语言类型。逻辑功能被指定在不同的技术平台上，就可能有不同实现形式。逻辑数据会根据性能、查询等转化成数据库表设计，也就是数据模型中的物理模型设计，对数据生命周期的管理也应当体现在数据库设计中。

物理构件在承接应用构件之外，还会有大量与业务需求没有直接关系的技术类构件连接，诸如路由器、交换机、防火墙等，以支持从前端到后端完整构建整个业务系统。物理构件会考虑更多的冗余设计，以支持非功能性需求，保证业务连续性。

物理构件中比较特殊的一类是安全类构件。安全问题日益重要，所以，传统企业架构方法论中早已包含了安全架构，TOGAF 的 4A 架构已经悄然升级为 5A 架构，尽管其内容元模型中尚未明确体现。

在经历过的项目中，笔者也体会到了安全架构因其专业性而产生的独立性，如前文所述，它的需求很难直接来自于业务需求，因此在实现上，更像是安全类技术人员"主动"参与的设计，几乎没有其他领域的人能够十分清楚地解决安全设计问题。由于与应用构件之间缺乏设计上内在的联系，安全类构件更像是可按需嵌入的"过程"，所以笔者的架构元模型中未包含安全架构元模型，它是作为物理构件的一种来设计的。不过，随着企业越来越重视其业务价值，安全架构也许会逐渐向应用架构延伸，进而再向业务架构延伸。

物理构件可以进一步聚合成物理组件。承接应用构件设计的物理构件相当于实现业务功能的物理子系统。

物理构件设计以及对物理组件的聚合，也可以解决大部分原本包含在数据架构中的物理层面的数据分布设计。

11.3 技术平台设计

技术平台用于实现物理构件或者物理组件。技术平台可以基于特定技术类型建立，如人工智能平台、区块链平台、大数据平台等；也可以基于语言类型划分业务功能平台，如 C 语言、Java 语言等平台；也有基于特定目的的平台，如监控平台、任务调度平台等。

技术架构要解决的问题之一就是"技术平台"的关系与分布。关系由可能产生的技术协作、技术实现上的依赖关系确定，分布则取决于平台的职能。为了清晰地区分职能，一般采用"分层架构"的方式描述总体技术架构，如图 11-1 所示。

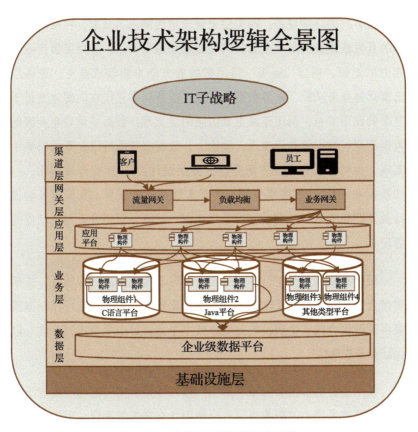

图 11-1 企业技术架构逻辑全景图

图 11-1 中采用了包括常见的渠道、网关、应用、业务、数据、基础设施的六层架构模式，除了继承自应用编排、应用构件的物理构件，以及因聚合而形成的物理组件外，终端设备、网关等也都属于物理构件。不同的物理构件分布于不同的技术平台上，不同的技术平台分布在不同的架构层中，分层也并非完全统一的。

如果换个方向理解，技术架构中的每一层也相当于职责定位相同的技术平台的聚合。渠道层通常负责建立与用户的接触，包含各类可触达客户的终端设备；网关层负责流量的接入与分配，在面向互联网的开发快速发展起来之后，网关层越来越重要了；应用层负责业务能力的组织，通过"应用"将零散的业务能力组装成业务；业务层负责具体业务功能、业务数据的实现，业务层不建议在内部建立过于复杂的调用关系，调用建议主要由应用层实现；数据层负责企业级的数据汇聚、数据服务的实现，理论上，数据服务既可以在数据层集中实现，也可以转化成业务服务在业务层设计。"一切业务数据化，一切数据业务化"，在底层实现上，其实就是业务服务、数据服务的设计及其逻辑关系；基础设施层是对存储、计算、网络等资源类硬件的管理。

根据这些职责分工，不同的技术平台聚合成不同的架构层。按照对聚合的理解，分层架构虽然总体而言比较稳定，但是也可以根据需要再重新聚合或者生成新的分层。技术平台设计也要考虑冗余性，以保证业务连续性。

技术平台的选型会有很多影响因素，但是最重要的两项莫过于资源和团队技术能力。资源决定可以使用什么来源的平台，由于资源的限制，很多企业选择了开源组件；团队技术能力决定了可以把平台建设到什么程度,把平台能力发挥到什么程度,不过团队的技术能力仅能决定当前,长期的效果则来自于团队的学习能力和学习意愿。

技术平台的建立会产生大量的运维工作,但是运维也并非单纯的技术工作,部分运维数据,比如服务响应时长、全链路运行效率分析等也会具有一定业务含义。因此,从企业架构的视角看,运维业务化可以让运维发挥更大的价值。

11.4 技术架构设计成熟度分析

笔者归纳的技术架构设计成熟度分析模型如图 11-2 所示。

图 11-2 技术架构设计成熟度分析模型

1)无感级:成熟度最低的一级,企业完全不具备从企业级视角做技术架构设计的能力和经验。

2)认知级:认为企业级技术架构设计有意义,尝试进行相关研究,在部分领域尝试从技术侧推动整合技术架构。

3)可管理级:通过大规模企业级工程,从技术侧推动企业级技术架构设计,业务侧参与度不高,初步形成企业级技术架构视图,培养了少量企业级技术架构师。

4)可演进级:业务侧深度参与,有基于企业架构的技术架构设计方法论，并通过企业级应用架构连接起业务架构和技术架构，可培养自己的能够分级协作的技术架构师。

5）优势级：技术架构设计能够良好地支持业务架构、应用架构设计及其变动，技术架构设计形成的优势已经为市场所公开认可，乃至提供有影响力的开源组件、开源框架，培养了有影响力的技术架构师。

11.5　IT 架构设计小结

针对图 11-1，如果用"应用"替代应用层的"物理构件"，用"应用构件"替代业务层的"物理构件"，用"应用组件"替代"物理组件"，用"业务平台"替代"技术平台"，得到的新的逻辑图依然正确。这也是 TOGAF 在技术架构设计阶段建议采用的做法：扩展软件分布的应用架构图来表明应用如何映射到技术平台上。经过这种替代后，图 11-1 就变成了图 11-3。

由于混合了应用架构，因此我们将图 11-3 称为 IT 架构，以与业务架构相对应。

通过图 11-3 可以更好地回顾从应用架构到技术架构的 IT 架构设计过程，承接自业务构件、业务活动甚至是业务领域的应用构件和应用编排，转化为物理构件，物理构件聚合成物理组件，物理组件聚合成技术平台，技术平台聚合成分层架构。分层架构、技术平台、物理组件提供了更清晰地表达应用架构中应用构件和应用编排之间的衔接关系、实现部署的分层分域用的技术架构图。

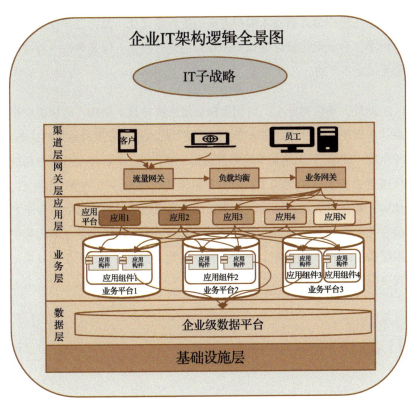

图 11-3　企业 IT 架构逻辑全景图

这一技术架构图也提供了数据架构关注的数据分布、数据流向的表达基础。在应用架构图中，常见的主要内容就是表示业务功能衔接的业务流和表示数据流动方向的数据流。一般来说，虽然应用架构不关注技术设施，但应用架构和技术架构还是可以沿用相同的分层架构，所以读者经常可以见到这种混合的 IT 架构图。

将数据架构融合到应用架构和技术架构设计过程的好处这里不再赘述。在实际实施中，无论是作为当前依然是最新应用架构风格的微服务，还是作为最新技术架构方向的逻辑单元化，都已经表现出了这种诉求。企业架构设计要保持多视角的设计模式，但并非每一种视角都是固定不变的。

此外，传统理论中，应用架构会用来推导技术架构，即根据应用设计来做技术平台规划和选型。但是随着技术架构发展得越来越成熟、越来越"成套"，无论是本地部署还是云端开发，都已经很少再使用应用架构去推导技术架构了。因为技术架构往往是一个完整的技术栈，比如开源分布式架构框架，企业获得技术栈之后，要考虑的主要是如何在技术栈上设计应用，因此应用架构已经逐渐转化为业务架构和技术架构之间的"连接器"，把业务需求转化为实现需求，再根据技术架构决定其分布模式。

11.6 企业架构设计回顾

11.6.1 总体回顾

完成 IT 架构设计，企业架构的设计阶段就结束了。笔者将图 9-10 和图 11-3 结合得出图 11-4，以回顾整个过程。

企业架构设计逻辑上沿着自上而下的过程，以企业愿景、价值观为指引设计企业战略；再按照价值链分解战略能力，分解过程中可以结合组织结构甚至岗位层级进行考虑；将分解后的战略能力按照价值链和业务领域组成的交叉结构定位到业务活动、业务任务和业务数据上，最后以明确的业务构件来承载业务能力。业务能力包含着实现后的战略能力，可以说，战略能力在分解过程中最终对到了以岗位为代

第 11 章 技术架构设计　225

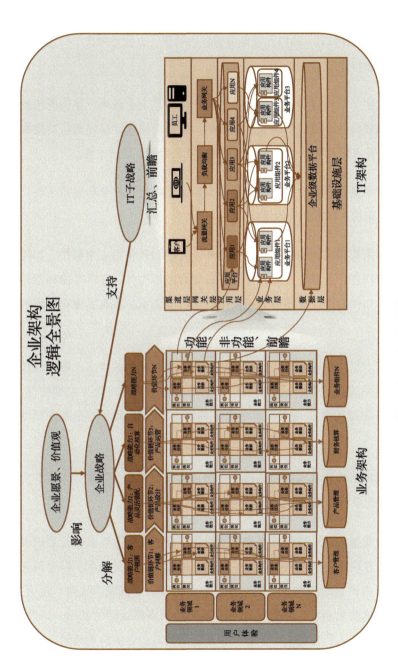

图 11-4　企业架构逻辑全景图

表的人（或者机器）和以业务能力为代表的事，也就是包含了行为和数据的业务构件。

在整个设计过程中要时刻关注用户体验，企业级用户体验既包括业务领域级的，也包括跨业务领域的。业务架构设计最终要将功能和非功能需求以及对技术进行挑战的前瞻需求都传递到技术侧。

技术侧在承接业务架构设计结果后，要将功能和非功能需求转化为应用架构和技术架构的设计。

应用架构关注如何将业务领域和业务活动转化为应用编排，如何将业务构件、业务任务和业务数据转化为应用构件、逻辑功能和逻辑数据，如何确定业务组件和应用组件的对应关系，从而实现对功能的承接。

技术架构关注技术实现方式，因此会根据不同的技术、职能设计不同类型的技术平台，如何将应用编排和应用构件转化为物理构件，如何将物理构件实现于技术平台，并满足非功能需求与业务连续性要求。

应用架构和技术架构的设计要满足甚至超越前瞻需求，为业务发展打开想象的空间，形成业务和技术之间的良性互动。

企业架构的设计最终是将企业架构元模型中的重要关键元素识别出来，并明确它们之间的关系，这是架构设计的交付要求。但是真正决定架构质量的是对企业的理解，包括愿景、价值观、战略、组织、业务，这些是企业一切想法能够变现并长期维持运转的基础。因此，无论是业务人员还是技术人员，都必须做到对企业的深刻理解。实现这种理解也需要依靠业务人员和技术人员在企业架构设计过程与日常工作中的深入接触。从以往对企业架构理论和实践的各种评论中也可以感受到，出现各种关于"不落地"的讨论的根本原因实际上是企业架构设计过程的组织问题，也即，在业务架构、应用架构设计过程中，业务和技术的合作依然是不够深入的，互相不够理解。

"上下同欲者胜"，企业架构正是在建立这种"上下同欲"的连接和传导机制，任何把企业架构仅当成项目实现的想法都是片面的，企业架构是数字化时代的企业管理语言。

需要明确的一点是，尽管经常有"物理"这个词出现，但企业架构总体而言还是逻辑设计，不是最终的落地实现。

11.6.2 如何制定 IT 战略

尽管在实际工作中企业战略的制定通常在具体架构设计之前，尤其是 IT 架构，每年或每个战略调整期制定的企业战略如果包含了技术部分，一般都会从技术类型到技术应用进行一番规划，这一过程往往靠的是经验和对技术发展的理解。

但是，相对更合理一点的做法是，企业应先集中精力在业务战略上，并让技术管理者或者技术骨干参与到业务战略制定过程中，这样，技术人员对企业总体战略、市场方向、竞争态势感受更深，才能更好地设计用什么样的技术体系支持业务战略。尽管战略设计时未必有企业架构做支撑，但是依然可以采用临时制定的高阶结构，比如价值链、业务领域、粗糙的业务组件，完成战略的分解，并将业务想法传导给技术人员，再汇总成带有一定自我挑战性质的 IT 战略。

如果采用任务分包的方式，由业务人员负责业务战略，技术人员负责 IT 战略的制定，齐头并进，那这两个战略之间很容易产生"断层"。"独立"的 IT 战略向业务战略靠拢时，难免会显得生硬。

11.6.3　宏观业务架构制图

应用架构和技术架构之间在架构分层上经常被混用，而且混用其实也不妨碍理解。理论上来讲，这种混用也可以"蔓延"到业务架构，但是这样做会破坏业务人员的理解习惯和理解方式，容易造成滥用，尤其是在词汇方面。业务架构的核心目标是培养业务人员思维的结构化，而不是真把业务人员培养成技术人员，"蔓延"太多未必是好事。

所以，业务架构设计还是要按照业务架构的方式、按照业务人员容易理解的方式做，尽量不要用"业务功能分布图"替代"业务架构图"，"业务功能分布图"只是表意不完整的应用架构设计。业务架构其实也不太容易画成一张图，因为从价值链到业务领域再到业务活动以及更细的业务构件，聚合产生的业务组件都可以有不同颗粒度的视图。由价值链、业务领域和业务组件三者组成的宏观概念比较适合在一张图上展现，这样的业务架构全景图会相对清晰。

由于业务领域会在一定程度上共用业务组件，因此可能会产生业务组件的重复摆放。为了避免这种情况，可以在业务领域下方（或者最上方）增加一行公用组件，将公用部分集中，这样可以更清晰些，如图 11-5 所示。

图 11-5 表示，企业的客户管理、产品管理是集中统一的，而业务服务是具有领域级特点的。请注意，企业架构强调每个业务组件都是

企业级共享的,只不过由于领域的特点,业务组件也难免会具有领域自身的局限,可共享程度还是会有差别的,允许共享不代表一定会被共享。

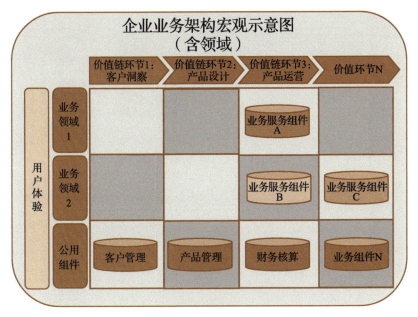

图 11-5　企业业务架构宏观示意图(含领域)

即便如此,对于业务领域的很多企业而言,把所有业务领域都画出来很不美观,这时候建议只采用价值链和业务组件这二者进行表达,这样就没有重叠的问题了,如图 11-6 所示。

当某一环节的业务组件过多时,也可以再聚类成组件组进行压缩,以节省制图空间。不过上述宏观制图方法都是在业务架构设计完成后的演示,不要把它当成推导过程或者推导逻辑,它们更像是演示逻辑。以上述宏观制图为基础,读者也可以自己设计更好的演示方式。

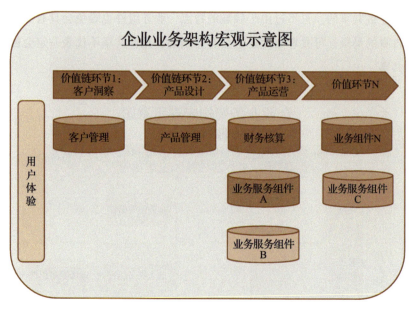

图 11-6 企业业务架构宏观示意图(不含领域)

| 第四篇 |

聚合架构方法论工程管理

从实施管理的角度来讲,企业架构实施应该分成首次企业架构实施和以企业架构为驱动的循环开发管理。没有好的实施过程,架构是难以落地的,因此,实施管理对于架构落地至关重要。企业架构建设是个长周期的持续演进过程,只实施一次而不坚持用企业架构去进行循环开发管理,企业架构很快就会崩溃。所以,本篇将从这两个层面讨论基于企业架构的工程管理。

| 第12章 |

项目实施

  企业架构终究是要落地的，否则，它就是个空架子。企业架构因其设计的庞大，经常被人质疑落地的可行性，这种质疑主要集中在其复杂性和实施的同时性上。但是，这里也有些认知误区，比如，所谓复杂性并非是企业架构方法带来的复杂性，复杂性源自企业本身，企业架构只是让企业的复杂性变得可见了，但如果企业因此被自己吓到了，那真成了企业架构方法的悲哀了；所谓实施的同时性，其实企业在处理业务问题时，很多事情也都是同时发生的，生产、销售，还有各类后勤保障、外部联系，并不会自动排好了队等着企业一个一个去处理，同时操作多件事本身就是企业经营的常态。

  为什么这些显而易见的道理在企业架构这个领域就成了困难呢？真正需要通过企业架构落地去解决的问题，会因为这种畏难情绪就消失了吗？在技术领域，很多缝缝补补的做法最后不都转变成了堆积到一定时候不得不做的大规模重构吗？哪怕互联网企业也逃脱不了这个规律。

其实企业架构这个领域最大的问题是"麻烦"，所有复杂的技术问题，都有专业领域在深入解决，唯有整体构建的"麻烦"，没有任何一种领域可以提供捷径。只有切实地去做事才能解决问题，认知的误区正是把"麻烦"当成了"复杂"。

有时候笔者觉得，建设企业架构更像是小学生上学。对于小学生而言，并不是有很多知识需要你去学，首要任务是养成良好的学习习惯。小学课程不难，虽然说小孩子的智力发育尚不完全，但小学课程对很多学生来讲并不需要六年去完成，但是为什么这么多年以来小学没压缩成三年制或四年制？

企业架构也是一个养成新习惯的过程，除了设计习惯，也包含如何落地的习惯，本章就讨论企业架构的落地。

12.1 成本管理、实施计划与项目管理

成本、计划与执行是企业级项目落地中企业会非常关心的问题，而企业级项目在这三个方面会有哪些不同之处呢？

12.1.1 成本管理

企业架构设计完成之后，通常会得到从"现状"走向"目标"的

路径,也就是每个领域设计的"目标模型"中包含的需求,这些需求就会转化成工作量,可以通过工作量去估算建设成本。精细化的估算可以细化到构件级别,因为这个级别的需求比较明确,改动量估算可以比较准确。构件可以聚合成组件,无论是使用业务架构还是应用架构进行聚类,或者说无论是使用业务组件还是应用组件都可以进行类似的估算。

使用业务组件估算的好处在于,成本可以通过业务组件进行积累和测算,以后再有新需求时,可以在业务架构设计阶段就进行适当的成本估算,可以更早地评价项目的价值。使用应用组件估算的好处在于,成本估算会更准确,因为功能点,尤其是业务组件与应用组件存在一对多拆分的情况时,估算会更清楚。

实际上,通过企业架构建立的关键元素管理关系,我们可以形成不同维度的成本计量和估算方法,这种关系如图 12-1 所示。

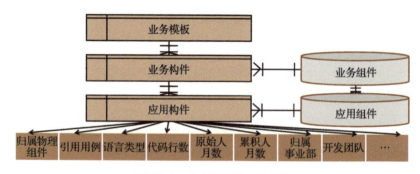

图 12-1 成本估算维度示意图

图 12-1 中的业务模板、业务构件、应用构件、应用组件和业务组件都可以成为成本管理的线索。这是养成精益成本管理习惯的机会。

12.1.2 实施计划

除了成本管理，更重要的是实施计划。"目标"与"现状"之间的差距，通常被称为"能力缺口"，企业架构的实施就是填补这个缺口。开玩笑地讲，企业架构设计是"挖坑"，企业架构实施就是"填坑"。

为了便于排布计划，通常会按照组件这个宏观维度进行需求分组，一个组件作为一个任务源，可以根据组件规划开发任务的分配，设计任务包。这个阶段的分析以应用组件为维度进行更合适，因为这是涉及具体实施任务的，一个业务组件如果被拆分成了多个应用组件，也很可能需要多个实施团队来执行，即便是在一个较大的实施团队内，也会有不同的任务小组。因此，以应用组件为维度进行实施计划设计会更贴近实施。

每一个应用组件都可以估计自己的实施方案和实施周期，无论是一个周期内完成还是要分阶段进行多周期建设。单个应用组件的实施周期安排并不困难，这与竖井式开发没有什么区别，困难的是多个应用组件实施计划的协同，这涉及实施前的排序。

设定这一计划最重要的是可投入资源和组件之间的依赖关系。通过企业架构设计，可以明确组件之间在应用层面可能产生的依赖，可以确定被各类应用调用较多的组件是哪些，较少的是哪些。通常来看，被调用最多的是公共类组件，如用户信息、产品信息、核算等，这些基础类组件可以向前排；被调用少的一般是领域级的业务组件，可以向后排；为了保证贯通性，可以选择一个当前需求较为急迫、优先级较高的业务领域，进行总体串接。基于这种结构再进行后续的业务领域增加，逐步完成整体实施。

这样的实施计划相当于倒"T字形"实施结构，如图 12-2 所示。

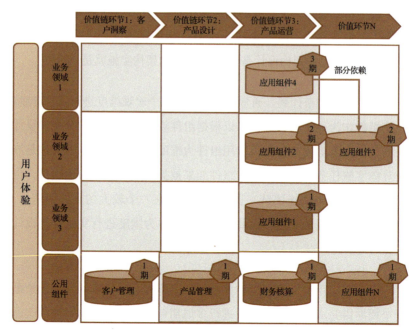

图 12-2 "倒 T 字形"实施示意图

在这种实施结构中，出于资源的考虑，一期可以安排基础类组件和一个用于总体串接的应用组件，这样的实施在价值链角度是完整的，也可以对相应的业务领域的应用系统进行替换，减少并行时间。之后根据实施优先级安排二期工程，二期的工程也会对一期实现的公用组件产生一定的修改需求。此时在企业架构设计阶段，整体设计的完成度就比较重要了。完成度高，修改的冲击可能会小，因为考虑的内容已经比较全面了，否则，冲击可能会很大。如果有三期，那三期的排序主要取决于依赖关系了，越是需要靠其他领域的应用组件配合才能完成业务操作的，越是会放到后面去做，这样才能减少功能之间的依赖导致的反复修改。

关于同期项目优先级的排定可以有些"有趣"的做法,尤其是在团队争论不休的时候,比如让参加讨论的人独立打分,根据分值排定顺序;同一项目如果存在分差非常大的情况,可以让最高分和最低分的打分者各自阐述原因,再进行比较。不建议在优先级的讨论上花费太多时间,毕竟,对于早晚都得做的事情,"优先级"这个说法仅是看起来"科学"而已。很少有项目会承认自己战略价值低、对用户体验贡献差、对用户缺乏价值,所以,很少有项目真的会输在"嘴"上。

从计划可行性的角度讲,每个计划在时间、资金、人力方面都需要留有适当的缓冲才可以保证项目的执行,但实际上,由于每一级执行层都会这么考虑问题,反而会导致因为各种讨价还价而使缓冲变得非常脆弱。

12.1.3 项目管理

项目管理很多时候会被认为是推进项目计划。关于计划常有一个误解,认为计划需要一成不变的执行。计划是需要根据实际情况调整的,尤其是长周期计划,时间跨度越大,导致修改的因素就越多,把握好对成本和总体节奏的控制并及时调整计划才是管理的精髓。原有计划在开始执行后,就相当于一个分析问题的背景板,它显示出了计划调整时要考虑的影响,通过对影响的评估,决定调整方式,这是科学的执行。

但是这种要求对于习惯了竖井式开发的企业而言,还是很有挑战的,因为考虑的范围突然增大了,所以项目管理能力非常重要。根据笔者自己的经历，从实操的角度看，企业级工程对企业架构师和项目管理师这两类角色的考验最大。对前者的考验来自企业从未进行过类似设计，很多诉求无法上升到企业级层面，也缺乏有经验的人进行架构设计；而对后者的考验来自同时处理的变化太多，以致项目管理容易失控。

以往的竖井式开发，把责任压给一个项目经理，大家提供支持就行了，但是对企业级工程，很多个项目同时开工，很多项目经理同时在执行任务，互相可能有干扰，比如关于项目边界的讨论、关于采购资源的分配、关于工期的调整、关于进度的协同等，所以一般会采用项目管理办公室（PMO）的方式专门负责对相关事宜的管理。

需要多个项目组同时实施的任务通常是"业务领域"级的，一个"业务领域"可能被规划成一个任务，也可能会再根据业务复杂度拆分成多个任务。注意，这种垂直拆分，比如把一个"业务领域"中的数十个产品拆分成若干个子领域，每个子领域对应一个开发任务，这样的子领域也是需要多个组件协同的，涉及多个项目组。从以用户为中心的角度，可以让面向用户的组件对应的项目组作为牵头项目组进行跨组协调；也可以从任务量的角度，将任务量最大的项目组作为牵头项目组，牵头项目组负责初步协调，处理不了的问题再上升到PMO处理。

很多项目争议的来源其实是边界和依赖问题。边界和依赖的变化会直接影响到项目的范围，而项目的范围会影响到项目的资源和周期，所以边界和依赖的问题是项目实施过程中最需要持续去明确的。它们并非在企业架构设计完成后就保持不变，而是需要根据实施反映上来的问题进行及时的调整。

这些调整多数会涉及架构决策，比如从项目组反馈到 PMO 的问题，通常 PMO 会让应用架构确认是否需要调整边界和依赖，如果应用架构觉得无法确认，通常会反馈到业务架构，因为业务架构是整体设计的驱动因素。业务架构也无法确认的调整，只能与业务人员共同确定，结论再传导到应用架构，再传导给 PMO 和项目组。这是一个完整的反馈链条，简单的问题可以在一次架构决策会上直接解决，复杂的问题就需要经过上述过程完整讨论了。

综上，进行企业级工程项目时，项目管理的难度会大幅度上升，如同很多人因为企业架构设计"麻烦"而认为企业架构设计不可行一样，也会有人认为协调范围太大、太难把控的项目不可落地，其实这都是误区。问题域与解决域是匹配的，什么样的问题就需要什么样的方法去解决。不用匹配的方式去解决，问题只会留在那里。

进行企业级工程项目的管控，依托于企业架构更合适，因为企业架构可以为如此"麻烦"的协调提供跨部门、跨项目组的企业级统一"看板"。

12.2 需求分析及其与业务架构的关系

按应用组件维度，将开发任务下发给项目组后，项目组需要进行需求分析。尽管架构设计阶段分析过业务了，但是架构关注的点相对宏观，而且偏重企业级的横向联通，所以在领域的纵向深度上并不够，不能直接取代需求分析。

但是不能取代需求分析并不意味着要从头开始做需求分析，毕竟业务架构中提供了很多业务信息，而且业务架构确定了企业级结构，需求分析应该是对该结构的详细描述而不是重来。

为了推动这一过程的平滑实现，业务架构师必须进入项目中去工作，业务架构师应当面向整个项目组解释清楚架构设计，回答项目组的疑问。如果项目中有独立的需求分析师，那么需求分析师的工作应当在业务架构成果的基础上开展工作，并经常与业务架构师保持沟通。在这个过程中产生的任何调整，都必须由业务架构师及时导入业务架构中，如有必要，协同调整应用架构，一般不至于调整技术架构。这样可以保证架构与实施之间在需求层面上的一致性，或者称之为"贯通性"。

有了业务架构并不会改变需求分析必须要识别的内容，但是需求分析应当以"业务构件"为基本单位，以一个或者多个"业务活动"为场景，处理详细需求识别，把识别结果关联到业务构件上，也可以向下关联到"业务任务"上。对"业务数据"则一般是引用，确保使用的数据包含在数据模型中，如果未包含则要及时申请新增数据。

12.3　概要设计及其与企业架构的关系

概要设计的目标其实也是建立系统逻辑模型，包括按功能进行模块划分、建立模块的层次结构及调用关系、确定模块间接口及人机界面、考虑数据特征描述、确定数据结构特性以及数据库设计等。

从内容上看，概要设计是结合需求分析去承接企业架构设计，尤其是应用架构和技术架构设计，但是这两个设计的源头或者说驱动是业务架构，所以，参加到项目组实施过程中的业务架构师的任务，不仅是关注需求分析，还要关注概要设计，确认项目设计与企业架构设计的一致性。

从分工和专业性的角度看，架构管控是需要企业级应用架构师和技术架构师参与到概要设计中的，但是后者在项目实施中未必有足够精力广泛参加项目，所以，应当多培养业务架构师，并让业务架构师也参加项目。多培养业务架构师是因为他们天然有"复用"优势，他们既可以被派向项目，也可以被派向业务部门。应用架构师在与业务部门的衔接上，往往不如业务架构师顺畅。

在参与概要设计的过程中，业务架构师肯定会收到来自项目组的对架构方案的"异议"，这些"异议"往往涉及流程、数据以及组件边界等，需要及时响应、适当调整，以保持企业架构设计与实施的一致性。如果没有来自架构的响应，项目组迫于实施周期和资源压力，很可能会更改实施方案，造成设计与实施的不一致，影响日后基于架构的其他设计。

数据在实施层面则可以通过数据字典进行严格管理，未进入数据字典的数据项将无法生成企业唯一的数据项 ID，也就无法在设计时被使用，从而达到"严防死守"的控制。这种对数据字典进行严格管理的方法虽然有些死板，但确实很有效。

12.4 处理企业架构调整的原则

上一节提到，来自实施层面的对企业架构的调整是必要的，但是如何判断什么样的调整要接受，什么样的不应该接受呢？

12.4.1　什么样的架构调整可以接受

尽管企业架构师要虚怀若谷，但也不能允许别人无限制地浪费自己的精力和项目时间，接受架构调整是有原则需要参考的，具体如下。

1. 原有架构设计中的疏漏

这一点是架构师们不愿意看到的，出现疏漏即证明了原有工作的缺失。不过，"知漏就改还是好同志"，不要为自己找借口，坦然承认错误，及时补充设计，调整架构方案。越是虚怀若谷，越是能赢得大家尊重。项目都是有周期的，每个环节都必须有一定的时限，除了首次做企业级转型之外，企业架构设计是非常重要却又不能被分配太多时间的环节。想想对项目的"敏捷"要求，如果让企业架构师自己慢条斯理地做企业架构设计，项目进度很有可能受影响。

因此，架构师就必须在尽可能短的时间内给出覆盖尽可能完整的架构方案，这是对架构师的考验。但是，凭心而论，时间越短、信息越少，就越可能会出现疏漏，在细化阶段发现问题是很正常的，自然调整就好，各方都不必苛求。

2. 出现了更好的设计

细化设计带来更多的信息，有可能出现更好的设计方案，可能会为整个企业级设计带来一定的改善，方便其他业务领域实现同类需求。出现这样的改良时可以去调整企业架构，由此带来的架构调整将是非常有益的。

3. 对现实妥协的等价方案

企业架构设计往往不是只有一套可行方案。人们常说，架构师的手里永远准备着两套方案，并且随时可以抛弃其中一套。笔者也经历过这样的事情,原本设计时是有两种方案可以选择,在为 C 领域做企业架构设计时,A 领域和 B 领域都有可以采用的实现能力,A 领域业务性质与 C 领域更为接近,于是做架构设计时选择了 A 领域。但是在实际推进项目时,负责 A 领域的项目组由于客观条件限制,无法按时实现,只好再转到 B 领域。两种方案基本等价,但是架构上必须要做一定的调整,这是受现实条件制约的。

4. 架构设计错误

与第 1 点中所述的疏漏不同,这里所讲的是实实在在的错误,是架构师们一直竭力避免的情况,这对架构设计和架构师自身能力的可靠性来说都是直接的挑战。对此,架构师应当做的就不只是调整了,更重要的是深入了解错误发生的原因,总结经验,反省和提升自我。由此也可以看出经验在架构师综合素质中的重要性,好的架构师都是由时间和项目成就的。

但是,如果一个架构师经常出现此类问题,就必须要考虑对其岗位进行调整了,或者是到项目组重新锻炼,或者是不再担任架构师。如果是整个架构师团队经常出现此类问题,那就很有可能是工作机制的原因,有可能架构师没有机会深入参与到项目过程中去了解项目的实际情况,也有可能"违章建筑"太多,已经导致架构失灵。总之,集体问题与个体问题不同,需要区别对待。

12.4.2 什么样的架构调整不该接受

1. 明显违反既有规则的调整

比如企业要建立跨业务领域的全企业用户统一视图,这是典型的跨领域需求，但是又具有一定的领域特性。因为一些行业中的用户可能同时在多个领域发生业务，但是每条业务线都是从自己领域出发，应用用户视图时不一定要看所有的内容，这就相当于是在一个统一的数据基础上分领域定制。这样的需求可以由用户管理组件来实现，或者由专门负责数据仓库、数据主题的项目组来实现，比如交给数据中台项目组。

用户管理组件掌握着用户的基本信息，但未必掌握所有业务数据，所以大型企业中通常会考虑以数据仓库的方式归集各业务领域形成的数据。因此，无论是通过哪个项目组来实现，本质上都是通过数据仓库加工。但是，分工一旦形成，就不要再随意进行调整了，如果已经确定是由用户管理组件来负责，特别是用户管理组件已经实现一部分功能，就不允许用户管理组件再以各种理由拒绝后续需求，否则会导致架构混乱，导致决策原则不一致。不要轻易推翻已经成为事实的判断原则，而是要通过事实建立共识，建立规则。

2. 不必要的重复造轮子

相信读者在工作中经常能够碰到重复造轮子的事，一般的重复造轮子我们就不谈了，这里说说被"企业级工程"给"逼"出来的重复造轮子。这么说，有向企业级工程泼脏水的嫌疑，但是实际工作中确实会遇到这种情况，特别是在企业级转型过程中。

企业级工程中跨项目协调是很艰难的，各种利益冲突都会在某种诱导条件下爆发出来，原因既可能是错综复杂的，包括遗留系统难以拆解、缺乏关键业务人员、第三方技术提供商不配合、技术不过关等非常客观甚至是由来已久的因素，也可能是因主观上不想配合而找出的很多理由。

这些令人心力交瘁的协调工作，可能会逼得开发团队宁可重复造轮子，也不愿通过协调来解决问题。在架构管控上一定要坚决制止这种情况，因为转型之路虽然艰难，但是"开倒车"会导致更大的困难和更多的问题，会让之前的努力都付诸东流。

12.5　开发、测试与验收环节

企业级工程下的开发环节并没有什么特殊之处，因为大量的设计问题主要是在概设、详设阶段暴露，即使开发环节再有问题暴露出来，也跟概设、详设一样，还是走企业架构决策过程。

用户测试环节一般由项目组组织业务人员进行，除了可以找到Bug之外，也便于后续验收。但是笔者建议业务架构师也参加这一环节，因为业务架构师毕竟不是业务人员，接触系统操作的机会不多，对生产系统一般只能"远观"，所以可以好好利用测试这个环节接触业务系统，也便于后续开展工作。

验收环节除了让开发团队、业务部门参加外，也应该让企业架构师参加，以最后确认企业架构设计与实施的一致性。

12.6　实施过程中也要注意组织问题

设计好了的企业架构方案，是否一定就能顺利实施呢？也未必。

企业组织结构会影响企业内部沟通效率，壁垒森严的大型企业，沟通效率通常较低。各位读者可能知道，组织沟通方式分为正式和非正式两种，其中，在大企业中最常见的正式沟通方式就是开会。

如果项目数量少可能还好一些，但是大型企业通常会同时开展多个项目，一般都是以项目群、项目组合的方式进行。如果企业决定开展企业级转型项目，十几个甚至几十个项目长年同时进行也很正常。

由此带来的一个问题就是，项目组之间为执行企业架构设计蓝图，在开发过程中可能需要对组件协同问题、边界问题频繁进行沟通，项目经理、业务经理、技术经理这些角色甚至会成为"职业开会人"。如果会议效率难以保证，一个问题久拖不决，就会产生两种结果：一是项目组担心工期延误直接改变架构方案；二是采用非正式沟通方式，项目组间通过私下交流解决问题，而后者极有可能是以改变架构方案为代价的。

这两种结果都会使得企业架构的地位变得很尴尬，导致架构失灵。然而，这种问题并没有特别好的解决方法。从组织角度讲，只有加强企业架构师的能力与数量，让企业架构师以合作伙伴方式参与项目，在项目组间搭建起企业架构协作网络，提升架构决策效率，才能使得企业架构不会成为瓶颈。

企业组织结构在企业架构设计与实现过程中具有重要影响，理想的企业级系统建设与组织结构转型是相辅相成的，应当一同展开。一个在组织结构上高度部门化的企业是很难建成一个真正的企业级业务系统的，这一点务必要提前考虑到。方案与组织结构要匹配，否则在落地时很可能会困难重重。

企业级转型大多数是需要时间来适应的，休克疗法、瞬间跨越都不现实，在这一点上，业务和技术要通过项目实施过程互相影响、互相协作、互相改变。企业级工程是一个破除"竖井式开发"的"砸烟囱"的过程，但无论砸得多卖力，"烟囱"总还是会有，对于企业级设计来讲，这是实践者必须面对的问题。从笔者与互联网企业的交流来看，即便是对这些号称组织结构灵活的互联网企业而言，"砸烟囱"也是一个痛苦的过程。

12.7 首次企业架构实施能够采用敏捷过程吗

在介绍完企业架构实施过程后，笔者讨论下一个很多人都非常关心的问题：首次做企业架构可以采用敏捷过程吗？这个问题包含两个部分，分别是企业架构设计和企业架构实施。

其实企业架构设计只是完整软件过程中的一环，它本身不涉及敏捷与否这个问题。讨论首次设计企业架构到底需要多长时间，有点儿像是讨论跑一万米到底需要多久，体能素质不同的人，跑的时间就不一样。

企业架构也类似，企业复杂度不同，做企业架构需要的时间就不同。方法可能对效率有些许提升，但不会改变设计对象的本质，因为企业架构不会代替企业就某些架构设计问题达成一致。如果业务部门的"领地"意识很强，就很难对一些企业级问题达成一致，这是需要企业文化和内部管理去改变的东西，没有任何一个架构方法可以代替企业解决这个问题。

企业架构给企业提供了一个暴露问题和讨论问题的机会，但是它不会给出答案，答案还是要靠企业自己找到。笔者在本书中也多次提到，企业架构不是答案，而是答案的展现。所以，讨论企业架构是不是能用敏捷过程去做，其实是没有意义的，把时间花费在讨论业务问题上会更有价值。

首次做企业架构的企业，尤其是对方法论都不熟悉的企业，应该把精力放在认识自身、找问题和解决问题上，而不是纠结做企业架构的速度快慢。采用行业参考架构可以省去些从零开始的时间，但参考架构终究只是参考架构，还需要甄别其结构是否符合企业要求，所以，虽然省去了从零开始的时间，但是还需要引入差异分析过程，从数据到流程，每一个细节都需要比对。不过，随着行业参考架构逐渐成熟和企业对行业公共部分不再那么追求个性化特征，这个效率会有提升。行业参考架构的使用方法应该类似于开源软件的使用方法。

企业架构进入实施阶段后，工程上是否采用敏捷过程可以根据企业偏好进行。不过，笔者一直有个疑问，敏捷过程既然是以反复周期冲刺的方式实施，那意味着无法估计出最终完成时间才是正常的，没人能保证三次迭代还是四次迭代就会成功。这也说明，对多个同时进行的敏捷过程做整体排期是不科学的，如果能做到准确排期，那敏捷过程是不是就成了换个组织形式的螺旋模型，又回归到传统实施了？但如果不能科学排期，那 PMO 的压力可能会非常大。

企业架构设计完成之后，企业已经清楚大部分要做的事情了，需求分析可以补充之前缺少的细节。同时，为了保证项目之间的协同，要有合适的计划排期，不然协同测试是无从组织的。即使企业愿意采用敏捷过程去做，笔者认为，也应当采用传统与敏捷结合的过程，根据排定的计划，用短周期迭代的方式组织实施。

12.8 小结

在企业架构的统一规划下，企业级工程可以根据企业架构设计，以应用组件这个宏观维度进行成本估算、任务分包、计划排布。整体项目计划可以把公用组件实施往前排，而把依赖较多的应用组件往后排，每个应用组件的实施也可能是分段的，PMO 的计划需要综合考虑这些问题。

任务包下达到项目组实施后，项目应当基于业务架构进行细化的需求分析，基于需求分析和企业架构进行概设、详设、开发，并及时反馈问题，提请企业架构决策，企业架构决策务必要保证响应速度，否则可能造成工程时间拖延。业务架构师要积极参与项目，包括需求分析、概设、测试以及验收。

基于企业架构进行实施，有问题及时找架构解决，这是企业应维持的良好习惯。但想养成这个习惯，对企业而言是一个挑战。

企业级工程的实施过程如图 12-3 所示。

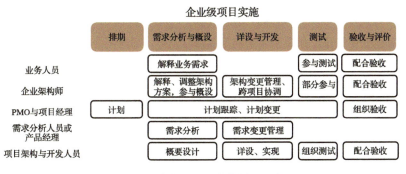

图 12-3　企业级工程实施过程示意图

| 第13章 |

循环开发管理

建设一次企业架构非常"麻烦",但如果只把它当成项目来完成,而忽视了后续基于企业架构的循环开发管理,那就会"白麻烦"了。

企业架构构建的是从战略到业务再到技术的完整企业能力地图,但是企业能力是在变化的,如同地形地貌和城市建筑,有些变化缓慢,有些变化飞快。如果企业架构不能及时调整,那地图将会失效。

但是,企业架构维护是有工作量的,特别是把维护只当做"维护"的时候。维护的有效方式不是安排专职人员去负责修改,而是持续把企业架构用起来,在循环开发管理中持续应用企业架构,把它当成设计工具而非维护对象,这样才能让企业架构的维护变得自然。

"工欲善其事,必先利其器",企业架构因其庞大,在无系统支持的情况下去维护是不现实、不准确的，Zachman 先生在其企业架构开山之作中就指出，应该用系统方式管理企业架构。

本章讨论循环开发管理问题。

13.1 循环开发管理的发动机

IT 这个行业非常有趣的一点就是会自己创造需求。几乎没有不需要升级的系统，系统上线后，业务会发生进化，需求随之改变，系统开发任务也就跟着来了。系统累次升级后，总有些地方会让技术人员自己也觉得不满意，这种不满意累积多了之后，即便没有业务人员的要求，技术人员自己也有重构的冲动。所以，系统自诞生之日起，就开始了它螺旋式上升的反复折腾的一生。

这种反复折腾达到一定程度，就会升级为企业层面的大折腾。太多系统之间纠缠不清、数据不一致、业务不连贯，技术人员就会产生构建企业架构的想法，如果想法落地，企业的第一个"企业架构"就诞生了。很多企业都没有企业架构，它们以前做的只能说是"IT 规划"，只是规划了自己打算做多少个系统，算不上企业架构。也正是因为没做过企业架构，所以会习惯性地把企业架构也只当作一个项目去对待，做的时候很投入、很认真，做完之后，就有些茫然了，不知道后边应该做什么。

如果把企业架构当作一个项目对待，那当然可以为了一个确定的周期集中大量人力物力去打一场"战役"。但是项目结束后，就不可能一直维持"战时体制"，要回到"常态"，此时能否将"战时体制"顺利转化为"常态"就很重要了。俗语讲,"编筐挝篓,全在收口",企业架构项目的"收口"并不是项目的结束,而是这个体制转化的开始。

如前文所述,业务需求、系统改动、系统重构这些事情永远不会停下来,即便是做了企业级工程,还是会有新需求出现,系统还是会变更。系统开发生生不息,循环不止,那企业架构在这里怎么发挥作用呢?

企业架构应该成为循环开发管理的发动机,如同企业架构对企业级工程的作用一样,推动企业持续演进。从企业架构元模型中读者可以看到,企业架构已经连接了所有对企业而言最为关键的要素,每次有新价值观、新战略、新用户群、新业务出现,都可以通过企业架构实现从业务端到技术端的串联,这是对企业现有业务资产、技术资产最高效的利用方式。

13.2 循环开发管理的过程

加入企业架构后的循环开发管理过程如图 13-1 所示。

为了更好地提升循环开发效能,企业架构师,尤其是其中的业务架构师应该向业务端延伸,到业务部门中去开展工作。当业务人员有任何业务创新想法时,业务架构师都可以跟进,与业务人员共同进行可行性研究,判断需求方向,这需要业务架构师掌握一定沟通技巧。经过一定时间的配合,双方会充分建立信任,就可以提升业务与技术整体的沟通效率了。

第13章 循环开发管理 253

图13-1 循环开发管理过程示意图

业务架构师处于一个可以引导很多想法的关键位置上，好的业务架构师可以为业务部门增加更多的技术想象力，从而提高需求质量。业务架构师在业务部门工作也是普及业务架构、推广结构化思维的有效措施，毕竟，这两项内容是让双方可以在一个"棋盘"上下棋的基础。

明确下来需求意向后，企业架构师组织设计企业架构解决方案，这时的企业架构解决方案和刚做企业级工程时的不同，不是从零起步，而是基于企业架构资产的增量设计，所以，如果能够执行基于企业架构的循环开发，那企业架构维护就是个自然的设计过程。

如果企业开发管理中有立项环节，则各方要共同完成立项材料准备。通常在立项材料中，业务部门负责阐述业务价值、业务目标；企业架构师负责阐述企业架构方案；项目组架构师、技术人员、需求分析人员或产品经理协助提供项目实施方案、资源预估、计划预估，然后根据企业立项评审机制进行立项评审，评审通过后，由PMO进行计划编排和任务分包。

项目实施环节与进行企业级工程时的实施要求一样，有问题找架构，没问题就不要随意改动架构。项目结束后，建议由企业架构师组织进行工程复盘。

在笔者看来，复盘是一件非常重要的事情，企业既然建立了以企业架构为发动机的循环开发管理过程，那就要经常研究和调整自己的企业架构方法论，将实施经验转化为知识，并把知识逻辑化、体系化，再提炼出架构决策原则，便于今后开展架构工作。这些经验要靠集体复盘获得，如果没有及时复盘，经验会慢慢被遗忘。

架构工作也经常会做些"妥协",因为架构不是"军法",而是"办法",因此,架构是富有弹性的。这也意味着每实施一段时间后,架构师的思维就有可能产生某种偏离原有企业级认知的倾向,所以借助项目实施后的经验进行复盘,有利于及时统一思想,分清什么是"折中",什么是"正道",这样才能有利于企业架构方法论健康发展。

当然,复盘要避免形式化,每次复盘都要有所收获,要客观,没必要过多堆砌原则。对于原则,在有架构系统支持的情况下,应考虑是否能对架构方案的设计约束实现一定的系统控制,否则架构原则多了,记不住,也就等于没有这项原则。

总体而言,与传统开发相比,循环开发增加了企业架构方案设计环节,这个环节的增加当然是因为采用了企业架构方法,如果认为企业能力地图有价值,那按照地图走路、及时维护地图就是自然行为。此外,实际执行时,随着架构师能力提升,设计企业架构方案并没有那么慢,不要用首次进行企业级工程时的感受去衡量循环开发管理时企业架构师可以达到的效率。笔者曾经 4 小时完成对一个 9000 字需求文档的企业架构方案设计,也曾经用两天时间完成从零构建一个全新领域的基础业务架构方案。笔者所在团队也曾经用 40 余人在大约 1.5 个月的时间里完成 1.6 万条特色系统需求的定位工作。

13.3 循环开发与"飞地"

说到"折中",估计很多企业开发人员都经历过"天降大任"一般的紧急任务,其中有些确实是竞争需要或者形势所迫。比如在 2020 年疫情期间,很多企业可能都遇到过这种问题,人不能到现场工作了,如果没有远程工作环境,不能远程作业,那真是束手无策了,很多技术人员都加班去研究怎么让企业运转、怎么提供抗疫必需的各类软件了,比如视频会议、健康码、RPA(流程机器人自动化)等。也有些需求其实没有非常明确的价值,只是急着"试错"。

无论是哪种紧急任务,都有可能要求不按照一般套路走,不遵守企业架构,搞"特殊化",建出一块与现有架构不统一的"飞地"。这种事情企业需要谨慎对待。

1)不能因为急就彻底抛开企业架构。企业架构师要参与到项目过程中,尽可能对按照企业架构实施需要的周期和不按照企业架构实施需要的周期做出准确评估。有时我们会认为搞"特殊化"会加快项目进度,但事实未必如此,如果时间差距在企业可承受范围内,那建"飞地"就是不合理、不明智的。企业必须坚持科学决策,而不是凭"冲动"决策,有时候企业"冲动"只是被"快鱼吃慢鱼"的思想蛊惑了而已。

2)企业利益优先。如果时间差距确实很大,抛开现有架构约束建"飞地"确实会给企业带来巨大利益,毋庸置疑应按照利益导向进行实施,毕竟架构是为企业服务的,而企业不是为了架构而存在的。但是,"飞地"也要在架构的"版图"内表示出来,它仍是架构的一部分,只不过是一个不标准的架构元素罢了。

3)寻机收编。时间会改变很多东西,"飞地"当初获得的自由,也可能随着时间推移,会因为与企业架构元素的衔接问题而变得不那么"自由"了,需要再次回到正常架构轨道上来。此时"飞地"可能会需要重构,甚至有可能遭到废弃,可以等待合适的机会再解决。

总之，企业架构设计原则中包括全面、灵活，"飞地"的处理正是如何灵活地保持全面性的问题。在这一过程中，企业要注意让企业架构师充分发表意见。

13.4 循环开发与架构管理工具

企业架构在诞生之初可能体量就不小，而随着使用时间逐渐膨胀是一般系统的发展规律，架构也不例外。架构的庞大会使管理和应用难度变大，这就需要有工具支持架构管理。这方面已经有些企业在做了，但是架构管理工具的开发难度还是很大的，毕竟，它需要方法论和资产两个方面的沉淀。对企业而言，为了保证开发效能，还要与研发管理平台良好结合，这样才能把业务诉求、架构设计、任务分包、需求分析、概要设计、详细设计到物理实现良好地结合起来，形成真正的软件开发全生命周期管理平台。

良好的架构管理工具应当满足两个基本要求。一是建立企业架构关键元素之间的数据连接，既能反映元素自身的生命周期和变迁，也能反映元素之间的关联关系。这种关系的基础是企业架构元模型，而实际的赋值则要来自于设计过程。所以，第二个要求就是要能支持企业架构设计过程。

在笔者介绍的企业架构设计过程中，如果分段来看，对于每种架构方法论都有些能够支持或者部分支持的工具，比如支持用 BPMN 语法设计业务流程的工具、支持数据建模的工具、支持从业务流程到应用架构再到技术架构建模的 Archimate。这些工具也各有优缺点，尤其是各个工具都专注于自己想做的事情，但都很难实现与整个开发过程的衔接，而在业务友好性方面，则鲜有表现出众者。所以，目前架构设计领域还是"PPT满天飞"的现状。

笔者虽然没有能力建一个企业架构管理系统，但是从需求角度，笔者认为，可以从企业架构元模型出发，考虑为每个阶段提供设计界面和图元，实现对企业架构设计过程的支持，支持各阶段生成文档和图片，以解决文档和汇报材料的手工制作问题。架构设计平台本身是逻辑设计平台，研发平台通常也是以过程和逻辑设计为主的，两个平台的衔接实际上是设计元素之间的数据关联、流程管理的衔接以及可视化。如果两个平台在逻辑层面的连接建立起来了，那么不仅是架构设计，生产环境需要的服务链路、可提供的服务运行等运维数据也可以一直从业务端串联到技术端，企业能力地图也可以从架构资产延伸到物理运行。

数据分析可以提供的价值通常源自数据的关系，如果能够完整建立起企业的数据描述，那么也可以提供更多的数据分析维度。从企业架构平台出发，笔者所能看到的不仅仅是对开发体系的价值，还是对整个企业的数据描述的潜在价值，这是未来企业数字孪生的基础。这种连接如图13-2所示。

基于上述基础，企业可以建立支持架构设计过程且与企业开发过程充分融合的架构管理工具，该工具应当以产品或者企业业务为线索，连接起整个开发过程，并充分利用构件化的企业资产进行企业架构设计，通过构件对需求的精确定位和描述，充分提高业务和技术的沟通效率及开发效率。该工具的逻辑如图13-3所示。

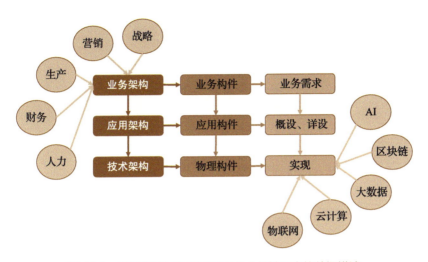

图 13-2 通过架构工具形成的对企业关键要素的数据描述

13.5 循环开发与敏捷过程

12.6 节讨论了首次企业架构实施与敏捷过程的关系,本节讨论首次实施完成后循环开发与敏捷过程的关系。

企业级工程的特点就是多组件协同实施,这意味着,循环开发中的需求大概率是需要多个组件协同开发才能满足的。从软件过程上来讲,可以采用敏捷过程,但是为了更好地组织这一过程,企业架构师应参与其中并准确识别项目范围。

IBM 的车库方法论(Garage)也是与企业架构结合的敏捷过程。在这样的敏捷过程中,企业架构相当于"背景板",可以清晰展示已有的业务资产和 IT 资产,可以协助确定需要配合实施的组件和项目组。

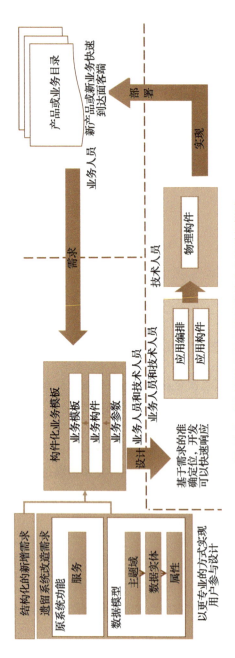

图 13-3 通过架构工具串联起来的企业的数据描述

对于其他敏捷方法也是一样。"精益切片"也是一种敏捷主张，从一个明确的价值点出发划定一个跨部门、跨团队的敏捷项目范围，在有企业架构做"背景板"的情况下，划定"精益切片"的范围会更准确，因此"精益切片"完全可以在企业架构的支持下去做。

在循环开发管理中，敏捷完全可以融合进来，如果愿意把这种方法称为规模化敏捷，可能也没什么问题。

敏捷不是无序的乱冲，所以有"背景板"是有好处的。敏捷方法的创始人、"敏捷宣言"起草者之一 Jeff Sutherland 在《敏捷革命》一书中提到，其提出敏捷过程的灵感源自 OODA（Observation、Orientation、Decision、Action，观察、判断、决策、执行）方法，建议在每个敏捷冲刺中都要完整使用这个方法，但这个方法在各类敏捷书中却鲜有提及。OODA 方法如图 13-4 所示。

OODA 循环中强调要掌握全景信息，而非只从自身视角看问题，每次 Scrum 结束提出最小可行性产品（Minimum Viable Product，MVP）后都要重走一遍循环，因为采用 MVP 模式就是为了获得更快、更多、更全的反馈信息，有了这些信息才能快速决策。快速决策绝非快拍脑袋，而是通过模式加速了对信息的处理速度，这才是敏捷的原动力，也是要总结方法论的原因。"全景信息 + 思维模式 = 快速决策"，而企业架构提供的"背景板"是有助于快速看到"全景信息"的，这比"头脑风暴"更有效率，"头脑风暴"应该用在原有企业架构没有覆盖的部分。

OODA 和车库方法与企业架构相结合，将有助于确定点状创新的方位，还可以推广"点"上的创新，与"面"结合起来，如图 13-5 所示。

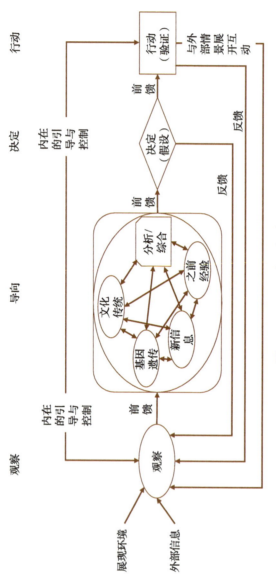

图 13-4 OODA 循环概述

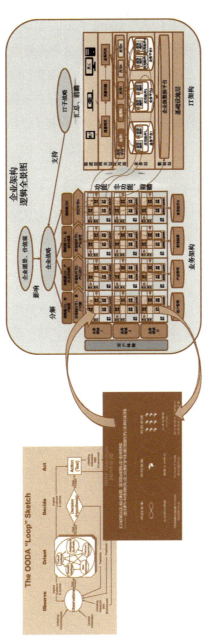

图 13-5 OODA 和车库方法与企业架构的关系

ThoughtWorks 的首席科学家 Martin Fowler 也认为敏捷注重的是演进式设计,而不是轻视设计。笔者认为,这种演进与基于企业架构的循环开发并不矛盾,二者都是"演进"的。《实现领域驱动设计》一书的作者 Vernon 也批评一些敏捷开发实践是用任务板挪卡(也就是只在看板上把任务卡片按照敏捷周期向后挪动)代替了设计。其实,大师们都把设计放在了首位,而不是单纯把过程放在第一位。

敏捷开发不是为了解决"没思路、看不清"的问题而被提出的,"没思路、看不清"的时候用了敏捷方法也不会有思路。敏捷过程的确有试错基因,但不是为了让设计者简单养成"试错"的设计习惯,深度思考才是设计者该有的设计习惯。

"快"都是有代价、有基础的,"快"是系统性培养的结果,不是哪个部门的"快"在支撑整个企业的"快"。"快"是整个企业持续演进出来的,而不是被外部因素突然赋予的。

不注重基础的"快",只能是"眼见他起高楼,眼见他楼塌了"。在业务领域里,不乏业务人员被逼急后选择业绩造假、财务造假的案例,而忽视软件工程的底线要求,把技术人员催得太紧,也可能出现技术造假。业绩造假、财务造假相对容易发现,但是技术方面造假很难识别出来。

综上,在循环开发中是可以应用敏捷过程的,企业架构能够提供更好的"全景信息",有助于划定敏捷项目范围,确定协同测试范围和提供更好的项目组织依据。

13.6 工程管理成熟度分析

笔者归纳的工程管理成熟度分析模型如图13-6所示。

图13-6　工程管理成熟度分析模型

1）无感级：成熟度最低的一级，企业完全不具备从企业级视角做工程管理的能力和经验。

2）认知级：认为企业级工程管理是需要的，尝试进行相关研究，尝试做若干项目的协同管理。

3）可管理级：通过大规模企业级工程，从技术侧推动企业级工程管理能力提升，初步形成企业级工程管理方法，培养了少量企业级工程项目管理师。

4）可演进级：基于企业架构设计进行项目规划和工程管理，多项目协同的进度控制能力较强，能持续迭代工程管理方法，有良好且与企业开发过程融合充分的架构管理工具，可培养自己的能够分级协作的项目管理师。

5）优势级：企业级工程管理能力形成的优势已经为市场所公开认可，可以进行良好的跨企业工程协作，具有有影响力的工程项目管理师。

13.7 小结

循环开发管理才是对企业架构掌控能力的真正考验。企业级工程无论有多难，毕竟只是一次项目，咬咬牙就能挺过去，但是循环开发管理则是没有期限的，是真正的"马拉松"，姿势不对、气息不匀都可能跑不到终点。

不过，也不要畏难，"习惯成自然"，只要坚持运用企业架构方法，将企业架构融入整个企业的交流沟通中去，企业级管理就没那么艰难了。

企业架构设计和管理如果有工具支持是最理想的，架构元模型可以提供设计思路，而能够面向业务使用是其终极目标，否则这个过程的效能和价值难以发挥到最大。

循环开发是可以结合敏捷过程的，而且有企业架构支持，规模化敏捷还可能做得更好。

| 第14章 |

企业级工程实施难点

基于企业架构推动的企业级工程实施是一个艰难的过程，笔者在之前的各章节中零散地提到过一些困难。本章将系统地总结实施企业级工程的难点，为各位已经投入或者即将投入企业级工程实施的同人提供一些思路上的参考。

14.1　捷径难寻

企业级工程通常都会有一个美好愿景，但是这个过程是艰难的。尽管在有行业参考架构的情况下，企业架构建设速度会获得一定的提高，但是参考架构不是目标架构，企业现状与参考架构之间的差异、参考架构与企业真实目标架构的差异都需要进行细致分析，以避免"削足适履"。由于现在成熟度高的行业级架构模型非常少见,如果企业能够在行业协会的指导下投入适当精力,倒是可以改善这种状况,但是就目前的情况而言,这还算是一种奢望。

既然行业级参考架构还不成熟,那直接照搬其他企业的架构就更不可取了,因为架构设计并不困难,真正困难的是企业内各部门对企业级的认知和对架构设计的认可。照搬架构并不能代替企业内部形成一致性过程,而缺少了这种过程的架构设计成果可能是不接"地气"的。

打磨企业架构的过程,是促进业务与业务之间、业务与技术之间融合的必要且有益的过程,为了速度而牺牲这一过程未必是值得的。况且,没有这一过程打下的基础,以后也很难追求"规模化敏捷"。

这可以称得上是企业级工程最难的地方,没有可以简单复制的模式帮助企业快速切换到企业级。别人的经验,无论成败,对企业和架构师而言都只能是个借鉴,自己的路只能自己摸索前进。但是,实践中若能依靠做过企业级工程的咨询公司、科技公司"带带路",这条路走起来会稍微轻松些。

14.2 文化难建

企业级工程不只是个技术问题,这一点让技术人员非常为难,因为技术以外的事情往往不在他们可以控制的范围之内。如果是一个业务种类繁多、部门庞杂、等级森严的企业,那么实施企业级工程不啻为一场"内战",一场对部门边界、协同关系的重新界定。处理不好这里的"统一战线"问题，很多项目就会失败或者流于形式。

读者可能会问，实施企业级工程真有那么可怕吗？如果没有那么可怕，笔者相信是以下两种情况中的一种：一是企业之前各部门的分工非常合理，无可挑剔；二是各方都没去触动真正要解决的问题，一团和气地结束了项目。前者基本上是不可能的，而后者则是极有可能的。

如果真下定决心要做企业级工程，那么对于一个企业而言，要改造的东西实在是太多了，引入新方法、新思维产生的冲击也需要大量时间去消化，这将是一个彻头彻尾的"大转身"。在这个过程中，业务上需要做的调整不亚于甚至大于技术上要做的调整，对于企业文化的调整则尤为重要。现代管理学之父彼得·德鲁克曾说过这样一句名言："文化能将战略当午餐吃掉。"这的确是一个难题。

14.3 预期难控

人们常说，"期望越高，失望越大"。很多软件工程类图书都讲过，做项目有一项很重要的事情就是管理好用户预期，企业级工程更是如此。企业级工程在启动之前，各方往往会对此寄予厚望，将蓝图描绘得太过美好，期望多年的夙愿可以"毕其功于一役"。但是建设周期的漫长、建设过程的曲折以及中间不断对现实做出的妥协，会让很多美好的"理想"大打折扣，或者由于项目进度原因而一拖再拖，也会让实现过程和最终结果看起来都没有当初设想的那么美好。

另外，企业也会出现放弃多年积累、切换赛道的情况，这往往是由于对方法理解有偏差，或者对宣传缺乏甄别而导致认为自己企业的实现不如其他企业的。

企业级工程在效果方面的积极作用可能也要随着时间推移才能逐渐显现。这会让人产生对企业级的怀疑,尤其是在项目刚结束的一段时间之内,所有人都期盼着出现与以往迥然不同的"大转变"。然而,很多变化并不是集中发生的,其中一些变化可能在转型过程中就已经出现了,只是没有被注意到,比如协同能力提升;而有些变化要滞后甚至必须要经过一定时间的对比才能发现,比如整体设计能力上升带来的优势。

所以,要事先管理好对项目的预期,不要为企业级工程戴上太多不该戴的"高帽",而忽视了真正的成就——完成一次企业文化建设,实现整体转型。如果这个目标没有实现,那才是真正该失望的,不要只用系统去检验企业级。

那么,何谓转型呢?笔者认为,"转型"转的就是行为习惯,转型项目成功与否,只需要观察企业中各级领导、员工的行为习惯较以前是否发生了变化。如果发生了改变,那至少可以说明"转型"是有作用的;如果行为已经符合转型前的预期了,那么转型项目也可以算是成功了,不必非把系统当成目标本身。转型目标也许无法一次性达成,但如果员工行为习惯已经朝向预期改变,那么系统目标的实现也只是时间问题。

14.4 权责难定

在组织中,一件事情要能够做好,前提就是做事的人应权责匹配,无论是临时事项还是长期事项，否则成功就是侥幸而不可复制的。

企业级转型期间，作为临时性的项目组织，企业架构师或者架构师团队可以有较大的权力去保证项目落地。但是转型期结束之后，转入常态开发时，企业架构师或者架构师团队又该如何定位呢？其定位的困难在于：若权力太小，则不足以维护企业架构，企业架构会随着时间的流逝而"名存实亡"；若权力过大，则又会发展成新的部门化组织，一旦开始以架构"卫道士"自居，就会导致对架构创新的阻碍，尤其是在有强烈"官本位"思想的企业中。

企业级工程实际上是要让习惯于业务管理的企业去正视技术，定位好自身的科技基因，思考数字化转型后的企业管理结构。技术在企业中的定位到底是什么？工具？主业？是脑还是手？而如何合理定位技术人员中很重要的一股力量——架构师（包括各层各级各类架构师），就成了对企业的一大考验。

在很多企业中，架构师通常只会被当成技术类专家来看待。不少企业只有技术部门的行政管理者，而根本没有"架构师"岗位，培养了很多"项目经理"，但缺少对"架构师"的有意培养。这也导致了很多良好的项目实践经验无法转化成方法论层级的知识，如果人员流失，那么知识也就"随风而逝"了。

传统企业必须关注架构师的重要性，他们是企业级工程和数字化转型工作中的关键力量，是数字化时代的"工匠"。好的架构师能够帮助企业实现合理的整体规划。他们虽不是管理者，却拥有基于项目实践积累的管理经验；他们并非仅仅是技术专家，还是实现企业整体战略不可或缺的力量。定位好架构师的职责，发挥好架构师的作用，是每个企业必须要做到的。

14.5　长志难立

企业级工程结束后的管理机制如何能具备长效作用,也是件困难事。读者可能会觉得,既然已经具备了企业架构,后续管理还会很难吗?当然会。很多人花钱、花时间减肥,但是真正坚持到底、后期不反弹的又有多少呢?企业架构的放弃和崩溃,未必是将架构组织撤销、机制停掉这类激烈动作,而是各种"畏难情绪""客观原因"导致的缓慢无序,是由一个个需求分配、落地的偏离堆积而来的,这一点与减肥、戒烟的失败是类似的。在这方面,"破窗效应[一]"的作用也很明显。

当然,这里面也有企业架构自身维护难度较大的原因,因为企业架构维护工作很难与个体、局部的利益有明确的结合,很多时候需要依靠员工自觉。这方面除了制度、机制之外,还会绕回到战略和文化问题上,即人们常说的如何打造一个"伟大的企业"。

希望企业不要被本章所提及的五个难处"吓退"了实施的决心,这只是帮助企业和各位读者充分意识到困难,以提升企业级工程实施的成功率。

考虑到这些困难,应该清楚一点,衡量企业级工程成功的标志不是一个系统是否实现,若文化与思维没有转变,是不会诞生一个好的企业级系统的,即便交给企业一个这样的系统,也会被改成部门级竖

[一] 犯罪学理论,该理论认为如果有人打坏了一幢建筑物的窗户,而这扇窗户又得不到及时修复,会诱使人们仿效,甚至变本加厉,打坏更多窗户。

井式系统。企业级工程的难点不在技术,企业级工程真正解决的是业务问题、组织问题、思想问题,是超越技术之上建立一个什么样的企业的问题。企业级业务系统是给具备此类文化的企业使用的配套工具,也是为不具备此类文化的企业提供的一个转型机会,至于结果,则要由时间、感受和市场去检验。

要牢记,企业架构是面向企业整体的设计,应当有企业整体的参与,应当向整个企业传导。走不出架构师的架构设计,没有持久的维持能力;走不出IT部门的架构设计,不会凝聚起整个企业;走不出企业的架构设计,就无法真正落地企业战略。

| 第五篇 |

聚合架构方法论生态化构建

上一篇的实施指南还是局限于一个企业范围内的实施,没有将其拓展为生态化构建。未来数字化转型需要的软件越来越多,而且物理世界向虚拟世界迁移的"虚实结合"社会已经成为很多人相信的数字化转型愿景,数字化社会需要太多的软件去处理日益增多的数据和人们期望通过软件实现的服务。但是,如同笔者在本书前言中所称,"软件缺口"和"软件混乱"一直在困扰着我们,软件领域总体上是"大规模小团队手工作坊"式开发。一个如此庞大、发展如此迅猛的科技行业,又是如此地缺乏通用性,这是需要行业去努力纠正的问题,它会造成生产力的浪费,而且可能是极其巨大的浪费。

当越来越多的企业上云,越来越多的企业寻求通过软件开发"降本增效"时,不能让软件开发,尤其是大量可公用部分的基础性开发成为不可或缺的成本。企业为获取差异化优势付出一定的成本是天经地义的,但是为了满足基本需要而付出巨大成本是值得反思的。

《纲要》对"开源"的价值做出了肯定,同时指出,要"支持数字技术开源社区等创新联合体发展,完善开源知识产权和法律体系,鼓励企业开放软件源代码、硬件设计和应用服务",这是一个任重道远的过程,但也是一个必需的过程。工业标准化的发展历程已经为软件行业做出了示范,是时候开始考虑如何停止软件领域里需求的无节制和开发的无限制了。

本篇将按照聚合架构方法论的生态化构建思路探讨上述问题。

| 第15章 |

企业架构的标准化

企业架构设计过程中，标准化是一件非常烦琐的事情。其实关于如何进行标准化，本应该在上一篇中介绍，但是考虑到标准化对生态化设计的价值远大于仅在一个企业内部实施，所以笔者将关于标准化的讨论置于本篇。没有标准化，就不会有好的生态级软件的大批量构建。

尽管立意较高，笔者还是会从企业内部的标准化讲起，再将其扩展到生态化视角。

15.1 企业架构设计过程中的标准化

企业架构建设离不开标准化过程，而这一标准化过程要从业务架构设计开始，因为脱离了业务标准化而进行单纯的技术标准化，是无法真正与实现"对业务变化的灵活支持"这一目标相统一的。"变化"没有统一的源头，技术只是试图通过自己的"灵活"去适应业务的"灵活"，但未必真正能领会业务的"灵活"到底是什么，以及业务的"灵活"是否需要一定的约束。因此，我们要从业务架构开始进行趋向标准化的设计。

做业务架构需要横向对比分析企业的所有业务领域，以期在设计上实现"以更少支持更多"，这是大多数企业级工程的目标，希望能够同时实现快速灵活响应和减少重复开发。这个愿望非常美好，但是它也面临着业务架构设计中非常有挑战性的一个"麻烦"——标准化。

15.1.1 基本的标准化方法

业务架构设计标准化其实应该包含每一个关键元素的标准化处理，尤其是数据模型中的数据和行为模型中的流程，二者的标准化操作要求是不同的，但有一定联系。

1. 数据标准化

标准化最重要的是数据标准化。数据建模中曾经提到过，企业级数据模型要保证数据实体和属性的唯一性，这样就不会产生重复的概念。重复的概念会造成数据的"同义不同名"，影响数据的使用和统计结果。数据模型的唯一性从工具角度来说比较容易控制，通过对定义、取值的比较，能够筛查出许多概念问题，但是有些定义问题依然不容易被发现，这就需要通过与流程模型的配合，从语义层面逐一进行澄清。

数据标准化的内容包括：命名规范、定义规范、取值规范和绘图规范等。

数据标准化过程从业务设计环节的"业务对象"识别到业务构件设计环节的"业务数据"识别，再到应用架构设计的"逻辑数据"识别，是持续进行的，并且在项目实施、循环开发管理中，也要持续进行。

2. 任务标准化

任务标准化其实很难操作，因为没有非常严格的标准可以用来做判断，而且，任务标准化也切忌"机械"操作。任务标准化的基本过程具体如下。

（1）将流程模型与数据模型进行语义对接

如果大多数数据概念重复问题已经通过工具筛查、语义分析解决了，并且数据实体和属性也基本保持唯一，那么这时就可以将数据与流程对应起来，对应的主要方式就是识别任务需要使用的数据实体，包括读和写两类。这种对接需要更多地从语义方面去理解流程和数据的关系，而不是简单地执行流程与数据之间的关系"勾挑式连接"，要通过语义分析判断业务任务、数据实体的颗粒度是否合适。

（2）分析重复业务动作

在数据与流程的对应过程中，经常会遇到多个不同的任务想要对同一个数据实体在不同时间进行写操作的情况。比如，用户初次到某个银行存钱，申请银行账户时，银行要建立用户信息，包括姓名、证件类型、证件号码等基本信息，同时还会包括电话、邮寄地址等地址信息，这时的整体业务场景是存款。而当用户过了一段时间之后再次来办理业务时，联系信息可能会发生变化，这就需要更新用户信息，但是此时场景有可能会发生变化，客户不是来存款的，而可能是来购买黄金的，从业务角度看，这就是两个不同的业务领域了。

在进行企业级标准化以前，存款和购买黄金的业务领域完全可能各有一套对用户信息的建立和修改的流程，可能是任务重复，也可能是不同任务中的内容重复。实际上，对于竖井式开发而言，这种重复是很常见的，每个业务系统都是独立、完整的，都各有一套用户信息，这些信息不仅重复，而且经常不一致。但是，通过企业级数据模型去除重复的数据概念之后，通过任务与数据实体之间的写操作对应关系，可以清晰地发现重复的操作。

（3）做出关于标准化的架构判断

找到重复动作之后就需要做出架构决策，是分开设计还是将所有对用户信息进行写操作的部分集中到一起建模？从企业级角度可以将各业务领域中与之相关的任务或者其中涉及操作用户信息的部分全部抽离出来，集中起来设计成一个业务活动或者业务任务，而其他领域的业务任务经过调整后，不再包含此类内容，这样就完成了一个业务任务的标准化过程。

业务任务的标准化过程从业务设计环节的业务活动识别到业务构件设计环节的业务任务识别，再到应用架构设计的逻辑功能识别，是持续进行的，并且在项目实施、循环开发管理中也要持续进行。

3. 业务构件标准化

实现了业务数据和业务任务的标准化，业务构件的标准化就很简单了，毕竟业务构件只是业务数据和业务任务关系的逻辑定义。

业务构件的标准化过程从业务构件设计环节的业务构件识别到应用架构设计的应用构件识别，是持续进行的，并且在项目实施、循环开发管理中也要持续进行。

15.1.2 避免过度整合

上述操作是相对较为简单、清晰的标准化过程，还有些标准化过程则难以判断，可能会因此出现过度整合的问题。这种情况通常会出现在流程看似相近的业务活动中，以及同一个领域内部的多个产品之间。后者更难以判断，因为一个业务领域内部的流程本就相近，很容易让人产生整合它们的冲动，而且业务架构设计毕竟是一种"纸上操作"，分、合都是很容易的，只是调整一下结构而已，所以整合对业务架构师来讲有很大的吸引力。

为了避免出现这种错误，需要从业务和数据两方面下手，配合检查。业务上自然是要重新审视、厘清业务流程，想清楚具体差异；而数据上则要重新检视数据实体划分的颗粒度是否正确，是否因为包含的属性太多而导致内聚性不够。数据实体的颗粒度太小会放大业务差异，颗粒度太大会抹杀业务差异，二者都会导致不合理的标准化结果。业务任务也存在同样的问题。流程模型与数据模型之间的语义互查是进行合理标准化的关键，同时这也是一个反复锤炼的过程。

15.1.3 何以解忧,唯有融合

尽管标准化问题很重要,而且实现起来困难重重,但很不幸的是,并没有什么很好的方法能够快速解决问题,这就又回到了之前所说的,业务架构模型质量严重依赖建模者经验的情况。除了经验之外,还要依靠高质量的建模输入,既要包括完善的业务资料,又需要有经验丰富的业务人员,仅看资料是学不会业务的,尤其是当业务中经常会出现"特殊情况"时。唯有业务与技术有机结合,才能产生高质量的架构模型和业务系统。

尽管标准化过程很痛苦,但是因其对企业级业务系统构建的价值非凡,因此,所有做企业级转型、希望建设企业级业务系统的企业和读者,都必须认真对待这一过程,尽管这一过程有些"纸上谈兵",但它的优势也正在于此。这一阶段进行任何调整,代价都是极低的,而不合理的设计一旦传导到开发上,就将产生高昂的纠错成本。

对于大型复杂系统而言,因其面对的问题域异常庞大,所以需要一套清晰的企业架构指导企业的持续建设,这就如同人们对地图的需求一样,只有践行标准化才能提供一张准确的地图。任何一种企业架构建设,包括中台在内,都应当是在技术与业务的不断融合,以及反复的标准化与去重过程中沉淀下来的。

15.2　行业级架构标准化

企业架构标准化已经很难了,行业级标准化必然更加困难,但被无视的问题并不会得到解决,我们只能迎难而上。

15.2.1 行业级标准化发展缓慢的原因

行业级标准化有诸多好处,但的确较难达成。本节将分析其发展缓慢的原因。

1. 软件在生产、生活中的基础性地位还不够

人们常说软件和互联网改变了人类社会,但实际上,并非所有行业和生活场景都充分线上化了。大部分行业中,软件的基础性地位还没有达到人们以为的水平,软件没有像工业制品那样深入社会的各个角落,软件生产也没有像工业生产那样成为广泛的社会性生产。

埃文斯数据公司 2019 年的统计数据显示,2018 年全球共有 2300 万名软件开发人员,预计到 2023 年将达到 2770 万名。这里对软件开发人员的定义是广义的,甚至包括技术作家。与此相比,2018 年世界各国的劳动年龄段(15 岁至 64 岁)人口总数约为 49.6 亿。也就是说,无论是从行业规模还是劳动人口的数量来讲,软件行业仍处在上升阶段,数字经济仍在发展初期。

通过这种状况可以推想,多数对于行业级标准化的真实"焦虑"可能只存在于少数软件从业者心里,没有真正上升为企业"焦虑",更没有达到行业"焦虑"的水平。所以,尽管在项目管理中反复强调一些项目级标准化要求,但是这些要求并没有走出项目以外,没有真正成为企业级、行业级要求,所以行业级标准化的进程也必然缓慢。

与之相对的是,我们也许过度强调了软件使用和生产方面存在的个性化因素,这也使软件行业必须要面对与工业化早期类似的问题,

尤其是在企业端，过度的"自由"可能会带来"不自由"，这些过度"自由"对"创新"的意义也许被夸大了。

工业标准化并未让工业变得死板和缺乏创新，反而是减少了浪费，让创新能够更好地分层次进行，可以是对设计的创新、对零件的创新、对材质的创新、对集成的创新等，而不是完全独创一整套流程。标准化是工业成熟的体现，也是其在整个社会生产中基础性地位增强的必然结果，这也是软件未来必须要走的路。

2. 架构设计的开放性不足

软件设计在其发展的大部分时间中处理的是封闭边界内的封闭问题，软件设计在处理复杂问题时的思考习惯也是尽可能将复杂问题拆分成更小的独立问题。在"封闭"空间中处理问题会令软件设计感到"舒适"，"开放"空间容易让设计者失去"焦点"。

处理好边界是软件设计的原则之一，不定义好边界的软件很可能无法交付。这种方式本身无可厚非，其隐含的问题在于，多数软件设计缺乏企业间横向联通和行业级定义。很多承载了行业统一概念的行业术语虽然在设计过程中已被软件人员学习和使用，但是并没有发挥出其在标准化方面应有的作用，"封闭"也成了一个个软件实例的"封闭"。软件行业现有的各类技术标准多数也无法帮助形成标准化的设计结果，更多是对工艺和技术的要求。

在工业发展早期，企业之间的标准化和连通性不强，但是标准化在提升企业协作方面发挥了至关重要的作用。早在1926年，拥有国家级标准化组织的25个国家就联合成立了国家标准化协会国际联合会

(ISA)，标准化活动由企业行为升级为国家管理，进而成为全球事业，活动范围从机电行业扩展到各行各业。标准化扩散到全球经济的各个领域，由保障互换性的手段，发展成为保障合理配置资源、降低贸易壁垒和提高生产力的重要手段。

软件行业现在也有些类似工业早期的状况，优秀开发资源集中，从上到下完整的个性化开发比比皆是。

此外，企业也习惯于"封闭"设计成果，因为软件一旦与核心生产领域接触，就自然会与各类"商业秘密"产生牵连，导致成果的"封闭"，这种"封闭"甚至包括设计过程中产生的模型资产，这也是大家经常需要重复建模的原因之一。

综上，软件开发中，思考方式、设计范围、设计成果方面都具有不同程度的"封闭"倾向，当然，这里有其必要性，但是这也导致了架构在设计标准和视野上不够开放，标准化发展缓慢。

现在，随着互联网技术对企业连接能力的进一步加强，生态圈构建将从业务层面下沉到软件层面，要求软件层面更多地支持联通和协同。这也许不仅仅是对 API 的关注，还需要在架构设计方面有更多的全局视野和开放性。

软件架构顺应经济模式的发展，在从企业内部架构走向开放式架构、推动国民经济数字化转型的过程中，必须要解决标准化短板对开放性、规模化的制约，这有助于将设计人员从重复的"搬砖"过程中解放出来，也使"砖"能够更方便地盖成"楼"，不能总把软件设计当作个体行为和个别实例。

此外，还有一些其他原因也阻碍了标准化的发展，比如，行业级标准化是一项带有公益性质的工作，做成了大家可能都会受益，但是推动者付出的努力与其收益不成比例，需要有一定的"奉献"精神；其次，标准的达成需要统一众多观点，这种统一往往又不可强制达成，标准本身的建立过程就会比较缓慢，时间一久，甚至会不了了之；再次，即便建立了标准，更新维护的主体也通常难以确定和维持，标准"保鲜"难度大。

众多原因导致了标准化进程的缓慢，但笔者坚信，工业化走过的路，软件行业也一定会走。

15.2.2　构件设计对行业级标准化的作用

行业级标准化依然是围绕着数据和行为进行的，所以，它本质上是企业架构标准化的行业级扩展。随着企业间开放互联的发展，标准化接口数据的要求也必然越来越严格，而接口数据集往往不是少量参数，很可能涉及大量参数，并且与服务关系密切，因此，对构件进行标准化设计会更有利于行业级标准化的开展。

关于构件设计，国家标准也早已存在，比如 GB/T 11457—2006 软件工程过程、GB/T 36445—2018 软件构件模型，都有相关技术标准约定。但是，这些标准都未包含构件的设计方法，实践中大家更关心的是如何做出标准化构件。

经常有人用"乐高积木"一词来形容构件化或者服务化设计方式，"乐高积木"之所以会吸引不同年龄段的人群，并且能够让大家充分发挥创造力，主要原因无外乎两点：一是接口的高度标准化，可以简单搭接；二是使用者能够很轻易地理解每个积木块，可以自由运用。

利用构件设计推动行业级标准化的关键也在于这两点。设计行业级标准化构件模型，首先是接口的高度标准化，这一点有赖于 15.1.1 节中提到的数据标准化；其次是构件功能的标准化和可理解性，这就涉及业务行为标准化，或者说对各种同类型企业（也存在同类型企业中按照规模等级再细分的可能）的业务活动、业务任务的标准化。这种标准的形成需要以业务为核心的业务架构设计做基础，也需要通过作为参照系的标杆企业来提炼标准业务行为。

数据标准化和行为标准化的探索一直有人在进行，但是需要更强有力的推动来真正形成行业级标准，而构件设计作为把行为和数据有效封装在一起的"乐高积木"，很适合进行这种标准化工作。软件开发应该极力避免在"凶猛"的创新下出现缺乏标准导致已开发功能无法合理复用的"作茧自缚"的情况。

15.2.3 行业级标准化催生构件化企业

数字化时代是依靠大规模软件生产支持社会生产的时代，如同今天工业对其他行业的作用一样。大规模软件生产能力的形成需要与之相匹配的思维方式，人们的思维方式总是要与时代的主要生产方式相适应。当软件成为主要生产方式时，结构化思维就成了这个时代最基础的思维方式。提升所有生产者的结构化思维能力是面向数字化时代最重要的思维转型方向，包括业务人员和技术人员的思维转型。

业务人员的结构化思维转型，是指能够结构化地看待业务、理解业务，结构化的业务视角更有利于将业务映射到技术实现，也更有利于业务人员较为直接地利用已有的软件资产进行业务创新。软件资产对业务人员而言，应当如同人们看到"乐高积木"，可以快速理解其结构并进行组装。具备结构化思维能力的业务人员，更容易适应在数字化时代看到的事物（因为这些事物很可能都是先以软件形态呈现的）和从事业务活动、开展业务创新的方式。

技术人员的结构化思维转型，则是要能结构化地看待业务构成与技术实现的关系，从而更好地将业务分解成合适的"乐高积木"，这是在技术人员原有结构化思维方式上的一种深化。对技术人员而言，这还意味着要更主动地接受标准化"约束"，从个体化改进软件向公用化改进"标准"发展。这是数字化时代进行大规模软件生产需要的技术思维方式。

综上所述，业务侧应当能够看到"业务构件化""服务编排化"，业务人员应具有利用构件化软件资产创新和协助生产构件化软件资产的能力；技术侧应当能够看到"构件业务化""编排服务化"，技术人员应当具有按照业务含义准确设计标准化构件并将构件编排作为一种服务向业务侧提供的能力。

基于行业级标准化构件，应当能够实现更为标准化的企业架构，企业内部以行业级标准化构件为基础搭建软件，尤其是其中的行业通用部分。具备这种标准化架构的企业，也必然会成为开放式架构中的"构件化企业"，组成更大的行业级、社会级的开放互联。

构件化企业的逻辑如图 15-1 所示。

第 15 章 企业架构的标准化 289

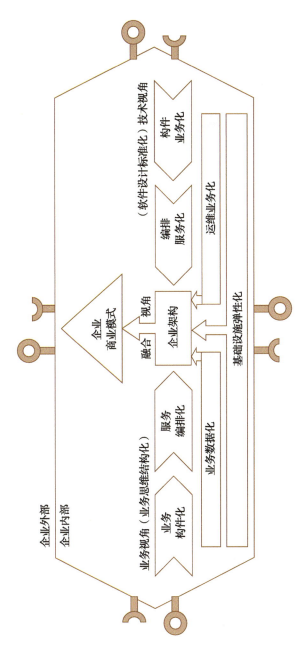

图 15-1 构件化企业概念图

尽可能以标准化构件支持企业商业模式的构建，软件对企业生产的基础性作用才能够进一步增强，才能用软件大规模覆盖各类型企业的生产、管理，这正是企业数字化转型的基础。在实现各种"酷炫"的目标之前，必须打下标准化这个基础。

数字化不是一个企业自己的数字化，而是整个行业、社会的数字化，也是所有从业人员的数字化。精炼行业级标准化构件的过程，正是业务和技术两侧同时进行数字化思维转型的过程。

数字化时代，各类企业都开始了数字化转型。当数字化转型完成后，所有企业将再次回到同一起跑线，今天的"跨界者"在数字化时代将不复存在，大家比拼的是快速创新商业模式的能力。快速创新离不开快速搭建，而快速搭建离不开对标准化资产的快速利用，对要素的独特组合能力才是大部分创新的主要表现形式，重复造轮子在今天也许还情有可原，而在数字化时代很可能就真是浪费了。读者可以回想一下，对精益生产过程探索的动力正是对杜绝浪费的执着，如果软件生产想要靠近精益生产，那也一定要做到杜绝浪费。

15.2.4　推进思路：从集市到大教堂

Eric S.Raymond 所著的《大教堂与集市》被认为是最佳的诠释开源思想的著作之一，软件系统的开发模式也因此出现"大教堂"和"集市"两种比喻。前者是传统的、大公司的软件开发模式，后者则是新兴的、社区化的软件开发模式。行业级标准化这个想法，初次听起来，很多人自然会跟"大教堂"联系到一起，毕竟行业级标准化听起来就有很多"中心化"因素在其中，需要标准、需要跨企业共识、需要组织推动等。而且,现有其他领域的标准化模式一般也都是"中心化"的。

软件行业是否会有些独特之处呢?当然会有。软件是一组可工作的计算机代码,而计算机代码的特点是,很容易"沾染"开发者的个人特点,也很容易复制,因此,软件制品同时具备"偶然性"和"难保护"的特点。尽管应当保护开发者,但是无论是现有专利制度的效率,还是软件保护本身给行业发展带来的弊端,都足以让所有人反思,软件行业该采用什么样的方式走向标准化,走向数字化时代。

软件行业从业者的核心竞争力到底是什么?Paul Graham 在《黑客与画家》一书中也曾指出过,解决困难问题才是程序员最核心的竞争力,而这种能力并非来自对代码的保护。

解决困难问题的能力也并非是编写"前无古人、后无来者"的代码,如 Eric S.Raymond 所言:"好的程序员知道写什么,而伟大的程序员知道改写(或者重复使用)什么。"软件行业进一步发展,进入大规模批量化软件生产的数字化时代的前提条件,也许正是重新设置软件行业的管理、保护机制,推动"标准化开源"模式的发展。

为了提高生产效率和软件质量,需要通过开源模式,提升构件的标准化程度、可用性和易用性,建立国家或指定企业运营的行业级开源构件库,形成类似开源社区的机制。优秀程序员的价值既然可以通过在开源社区的影响力获得,也一样可以通过对行业级开源构件库的贡献来建立,优秀程序员依靠的并不是对他已有成果的封闭式保护。

对于软件开发企业而言,企业核心竞争力也应当是其设计和集成解决方案的能力。从这个角度来讲，构件标准化和开源对企业的能力会有更大提升，"一招鲜吃遍天"并不是应该鼓励的发展模式。

对于应用软件或者自主开发内部软件的企业而言，软件保护本就不应该是其业务的核心。软件代码不是可乐配方，一成不变的代码不会为企业带来持久的竞争力，只会随着时间的变化快速"腐坏"。此外，架构并不是可以简单照搬的，开放架构设计未必会让竞争对手快速赶超，不小心的追赶者甚至有可能掉进无意设置的"陷阱"。

未能面向数字化时代深入思考的软件保护机制，也许更多地只是给行业笼罩了一层神秘面纱。

"集市"方式并不适合直接孕育一套可用软件，"标准化开源"模式的建立也需要"第一推动"。"集市"方式成立的前提条件之一是要先提供一套可以运行的软件作为起点，"标准化开源"也需要逐步建立每个行业第一套可用的标准构件库或者开源系统，然后再通过社区化方式不断发展为更具生命力的标准体系。这个"第一推动"和对构件标准体系的设计就是标准化组织的责任，这样的组织也应该是公益性的。

未来的大规模软件生产，也许正是用"集市"提供的构件建设"大教堂"的模式，基于这个认知，行业级标准化正是企业架构演进该有的趋势。

| 第16章 |

企业架构的生态化

企业架构设计的下一个演进阶段必然是开放式生态化的架构设计。移动互联网在最近十年左右的时间里,将整个社会中的生活网络、生产网络、金融网络、治理网络逐层连接起来,而且连接日趋紧密。每个企业都将处在一个庞大的生态中,被"无缝"地连接起来,一同感受社会的变化。信息传导会越来越快,而无法与社会紧密连接的企业将逐步被淘汰,或者成为基于特定"需求"方向的小规模存在。所以,面向生态是企业架构的必然选择,这里包含两部分内容,面向生态的架构设计和生态化的构建过程。

16.1 面向生态的架构设计

国家对数据中心建设的规划已经浮出水面。2020 年 12 月 23 日,国家发改委等四部委联合出台的《关于加快构建全国一体化大数据中心协同创新体系的指导意见（发改高技〔2020〕1922号）》（以下简称"意见"），是对数据中心的建设工作的全国性指导方针。"意见"中提到的"数链""数网""数纽""数盾""数脑"等概念，打破"政府部门间、政企间数据壁垒"，在"全国范围内形成一批行业数据大脑、城市数据大脑"，让"全社会算力资源、数据资源向智力资源高效转化的态势基本形成"等要求，已经勾勒出一副清晰的"数字化底盘"，一套围绕数据这一关键生产要素组织起来的庞大资源体系，如图16-1所示。

这副"数字化底盘"会充分支持数据利用的四大关键环节。

（1）采集

数字时代的数据采集是全方位、立体的，国家为推动全社会的数字化转型而创建的基础设施和部署的采集能力会提供更多跨行业的数据，而且国家层面的数据采集更为商业中立，效率也更高，各类物联网设施在公共服务领域的广泛应用必将为信息采集提供更多便利。

（2）计算

按照数字化发展方向，企业对内外部变化感知的速度越来越重要了，因此，**数据分析的时效性要求在不断提高**，未来的数字化企业更是如此。目前互联网企业本身就已经在逐步转向流式为主的计算方式，对所有企业而言，缩短计算周期以跟上外部变化是必然要考虑的。谈计算能力必然离不开算力问题，数字时代国家的核心竞争力计算方式

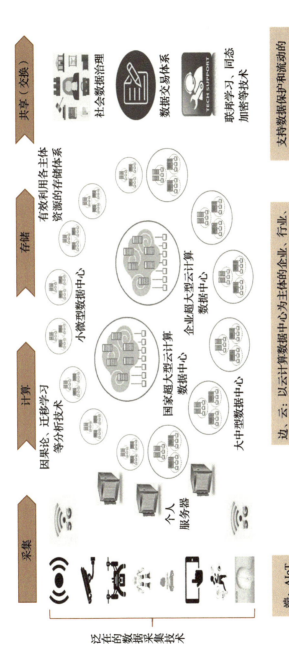

图 16-1 数字化底盘概念图

也要向"数字化"方向发展,算力应该像发电能力一样成为国家综合国力的重要指标。算力建设也必然有国家的参与,尤其是量子计算等在商用的初期阶段会比较昂贵的技术。同时,国家参与建设也有助于算力的地区均衡,避免形成新时代的"东西问题""南北问题","东数西算"的格局正在形成。

(3) 存储

国家建设也有助于中小金融机构更好地获得真正的"云端计算"能力。随着新基建的开展,国家层面的数据中心建设可以有效解决广大中小企业难以负担数据中心建设成本的问题,并且可以考虑在超融合架构下,将国家、行业、企业的数据存储资源进行有效连接,提高数据存储资源利用效率。

(4) 共享(交换)

数据是关键生产要素,必须建立支持其合法流动的交易体系,实现数据在"保护"与"流动"之间的均衡,完善数据的确权、采集、交易、使用制度,使数据可以成为一项合法收入来源,而不仅是保护对象。单纯的共享是无法长期维持的,基于合理商业利益的交换才是数据可持续流动的基础。作为商业性流动的补充,政府持有大量数据,也具备大范围采集数据的能力,可以考虑将合适范围的信息开放给社会共享,或者以较低的可维持运转的价格廉价提供,以进一步促进数据应用的活跃。

"数字化底盘"不仅提供了算力和存储,还会提供新的社会治理环境,而未来新建的数据中心也基本都会以云计算数据中心为主,因此,

"数字化底盘"必将支持起一个强大的混合云生态体系，大量的行业、企业都会迁移到云上。国家"十四五"规划、部分地方"十四五"规划也都在大力推动这一发展趋势。

基于这一强大的混合云发展趋势，云原生的开放式生态化企业架构必将出现。而且，目前科技企业纷纷发力企业端软件开发，将企业端视为 C 端红利结束后的新方向，公有云、行业云应用已经在发展之中，当更多企业走向混合云时，基于混合云的架构设计也会快速发展，应用平台即服务（Application Platform as a Service，APaaS）等方向也会逐渐成熟，诸如低代码等应用模式的需求也在增长。行业级标准化构件如果能够同步发展，将会极大促进这一进程，并将孕育一个基于行业级标准化构件的、面向生态的开放式企业架构模式。

基于标准化构件平台的数字化生态圈（Digital Ecosystem Based on Standard Component Platform，DE-BSCP）如图 16-2 所示。

通过这一模式可构建基于标准化构件平台的数字化生态圈。这是逻辑架构，并不意味着所有应用都会部署在同一个平台上，而是"物理分散、逻辑统一、全国一体"。

这一架构中，行业级标准化构件形成的"基础构件组"和领域性构件组成的"专用构件组"可以支撑起企业的基本应用，属于"通用构件"，企业可以只为资源的使用付费。"通用构件"的形成离不开业务制度、流程、凭证、风险管理等诸多业务内容的逐渐标准化，也有赖于 15.2 节中推动行业级标准化所需的各类工作。

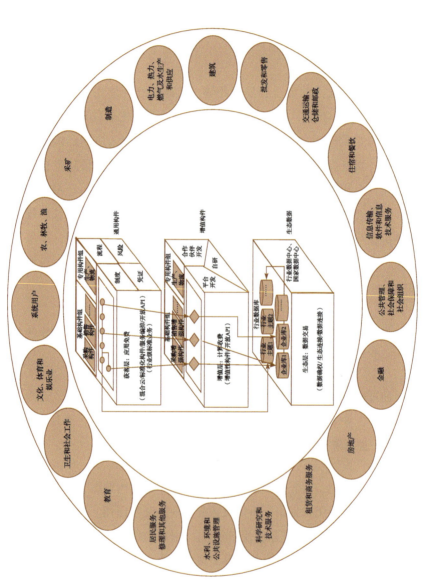

图16-2 DE-BSCP

服务商真正获取软件收入应该是在增值层,即超越"通用构件"能力的"增值构件"。这部分可以由平台服务商提供,也可以由第三方合作伙伴提供,企业也可以自研并出售,总之,这是一个以构件封装的"能力"交易市场。

混合云会沉淀大量数据,这些数据再通过混合云体系直接交易是最为方便的,毕竟最高效的交易方式是数据不搬家,企业主动贴近数据进行计算,搬运计算结果,这也意味着未来的数据交易所应该是建在公有云、行业云上的。

这一架构模式是抽象描述的,具体到每一个企业的架构设计时,依然采用本书第三篇所描述的设计过程,混合云上提供的是"集市",而"大教堂"还是由企业自己结合"集市"采购的"构件"叠加上部分自己的特色开发共同构建的。

未来软件需求将会"爆炸性"地增长,随着人们在物理世界中的生产、生活行为逐渐向虚拟世界中迁移,虚拟世界的软件制品有可能会出现比工业时代中工业制品的发展更快的增长速度,这是数字经济逐步成为经济主要形态的要求。如果没有更理性的软件需求和更理性的软件架构,过于关注不形成真正差异的浪费式的"创造",企业数字化转型将可能会在"软件缺口"和"软件混乱"的状态下艰难前行。

16.2 生态化的构建过程

企业架构设计可以是面向生态的开放式架构设计,那架构的构建过程是否也能是开放式的生态化构建过程呢？其实也可以，当开源标准化推广到一定程度时，企业之间的大部分隔阂与神秘感也就自然消失了。

在没有这种隔阂的前提下，为了更好地实现自家企业业务系统的生态化构建，企业间合作设计企业架构也应该是正常行为，多家企业出于生态需要联合在一起尝试执行本书提出的企业架构方法论，即便是从商业利益的角度而言也是合适的，可以协助降低生态的内部开发成本。

从行业监管者的角度而言，这样的生态建设过程也更有利于技术能力的平均化，这种间接性的技术能力输出，并不是会损害各方利益、导致潜在竞争的行为，对落实行业监管要求和行业行为规范非常有利，而且，行业标准的形成和落实将更加高效。

从技术服务提供商的角度而言，无论是企业架构设计服务方还是项目实施服务方，这样的构建过程都会减少设计中的不确定性，尤其是跨企业连接、协同的不确定性，提升项目的成功率。

除了面向未来之外，当前企业之间也可以考虑采用生态的方式构建企业架构，除了需要密切协同的上下游企业之外，行业内处于不同地区、不具备竞争关系的同类型企业，也可以尝试联合构建企业架构，分摊构建成本。

16.3　生态架构能力成熟度分析

笔者归纳的生态架构成熟度分析模型如图 16-3 所示。

生态架构成熟度分析 ── 无感级 ── 认知级 ── 可管理级 ── 可演进级 ── 优势级

图 16-3　生态架构成熟度分析模型

1）无感级：成熟度最低的一级，企业基本不具备对工程的标准化管理能力和经验。

2）认知级：认为工程标准化管理是需要的，并进行项目级的标准化管理。

3）可管理级：通过大规模企业级工程，从技术侧推动标准化管理，初步形成标准化管理方法和制度，强化了技术人员的标准化思想。

4）可演进级：业务侧深度参与，结合企业架构开展全企业的标准化管理，能够在生态中引导相关企业的标准化工作，可培养自己的推动各类标准化工作的专业管理人才。

5）优势级：标准化管理能力形成的优势已经为市场所公开认可，具有企业推出的行业级标准，能够引领行业的标准化和基于标准化的生态互联。

16.4　完整的企业架构能力成熟度评估模型

本书陆续介绍了八个能力成熟度分析模型，分别是战略管理、组织管理、业务设计、业务构件设计、应用架构设计、技术架构设计、工程管理和生态架构。本节将这八个模型整合形成完整的企业架构能力成熟度评估模型，如图 16-4 所示。

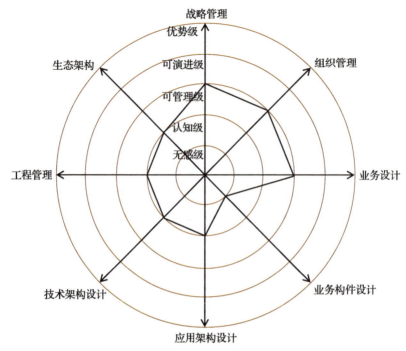

图 16-4　企业架构能力成熟度分析模型

各维度下成熟度级别评价的具体标准汇总见附录。

16.5　聚合架构方法论总体回顾

从第 6 章到本章，笔者先后从业务架构设计、应用架构设计、技术架构设计、企业级工程实施、后期循环开发的角度介绍了如何应用聚合架构方法论。正如笔者开篇强调的，希望本书能够成为各类企业、广大读者探索新时代企业架构方法论的思维起点。

书中整合了现有方法论的优点、Zachman 的多视角架构理念、

TOGAF 对过程的清晰定义、DDD 对业务架构与应用架构的衔接、DoDAF 对元模型的合理应用等,重点修正了传统企业架构方法论中业务架构与数据架构设计的分离问题,从而强化业务架构与应用架构的衔接关系。书中还解释了原有竖井式开发与企业级工程实施过程的区别和联系。在这方面依托企业架构开展相关工作是其核心要点,通过企业架构进行成本管理、计划安排、项目管理和实施协调。笔者不建议在首次实施企业级工程时过于关注敏捷过程,因为企业级工程中的流程标准化、数据标准化是需要"慢工出细活"的基础性工作,马虎不得。企业级工程实施的速度往往取决于企业内部的管理文化、协作意识和具有一定目的性的强烈转型意愿。在首次实施结束,进入循环开发管理阶段后,企业架构与敏捷过程是可以融合的,并且可以更好地支持敏捷过程的实施,比如车库法、精益切片等敏捷过程。

总体而言,本方法论努力吸收了以往方法论的优点,与软件过程进行了"兼容性"适配,可以为企业架构设计和企业级工程的实施提供理论上的借鉴,使其在厘清思维模式之后再进行与本企业实施过程的融合。

切忌直接照搬其他企业案例,对方法论的理解和调整能力的重要性远大于工程能力的重要性。笔者这么说不是轻视工程能力,而是目前企业的工程实施能力普遍很强,强大到足以轻易"跑偏",导致工程实施遗留下各种远低于企业级预期的"遗憾"。这些"遗憾"以及更多的"浅尝辄止"最终会转化成对企业架构的否定,而在一再否定企业架构的情况下又去苦苦追寻企业架构效果,或者被各种为体现敏捷特点而提出的不恰当的"比喻"(如无人机、海豹小队等)迷惑,忽视了这些"比喻"无一不要求有强大的企业架构做支撑，这才是现在软件开发领域中让人最为难过之处。

企业都希望未来的系统越来越自动、越来越聪明、对变化的反应越来越快，但是，如果没有强大的企业架构设计能力、流程与数据的标准化能力、行业级构件的快速生态级获取能力作为基础，这些美好的愿望该如何实现呢？企业架构的发展不仅要面对过去的经验和批评，更要面对未来的需求。

第17章

关于业务架构师的培养

目前,各类在职教育培训中并不缺少应用架构、技术架构的课程,也有很专业的师资和机构进行应用架构风格、技术栈的培训,但是,唯独缺少业务架构相关的培训。应用架构、技术架构具有技术通用性,其经验具备一定的跨企业移植能力,但是业务架构工作往往"深陷"业务,如果对业务架构师的培训不得法,很有可能造就的是领域级业务架构师,而业务领域切换并不容易。

在本章,笔者将结合自身经验重点讨论对业务架构师的培养。这不是因为业务架构师比其他架构师更重要,而是因为现在成熟的业务架构师实在太少。

17.1 个人经历

笔者是业务人员出身,在校时学的也不是计算机专业,做了十几年金融业务,从需求分析这个方向走进了开发单位。机缘巧合,一进开发单位就参加了公司的企业级转型项目,开始学习企业级业务架构,做流程模型、产品模型,也熟悉了数据模型设计。经过持续至今近 8 年的大型项目实践和发奋自学,才算对企业级业务架构设计有所了解。

从笔者经历来讲,业务架构师可以不问"出身",因为这个职业本来也要求对技术和业务都有一定了解。如果"出身"于其中一边,那就要去多补另一边的知识,多接触另一边的人,才能让自己具备成为"桥梁"的资格。

作为一个业务人员,之前因为兴趣和工作的原因,笔者对计算机知识有些了解,但并不深入。因为管理与央行的数据接口系统(征信系统前身),自学了一些数据库操作;因为负责管理信贷管理信息系统(CMIS),为了给下属单位做数据提取模板,自学了 SQL;因为经常去开发单位做项目,了解了软件开发过程、需求文档制作、测试方案制作、测试等工作内容。学的都是些简单的计算机知识,只能说对这个软件领域不陌生,但当时还不知道有业务架构师这个工种。

接触业务架构工作之后,除了单位提供的方法论外,为了做好这项工作,笔者认真学习了软件过程、系统分析与设计、架构设计、设计模式、Java 语言等内容,并研读了敏捷开发、领域驱动设计、工作流分析等方面的著作。为了拓展对新技术的理解,对各个金融科技领域也都进行了广泛的了解。总体而言,笔者的学习不够系统,都是为了能够更好地理解企业级业务架构方法论及其向技术端的传导。作为额外收益，广泛的阅读帮助笔者完成了《银行数字化转型》一书。

除了恶补基础知识，更重要的当然是实践，珍惜每一个设计任务，珍惜每一次与业务人员、技术人员的沟通机会，让他们来检验自己的理解和方法，逐渐形成自己的体系，最终把零散得来的知识融合成体系化的设计与表达。多写文章，提升思维逻辑性，让经验固化成知识，当然，固化不是僵化，业务架构师应该是很善于应对变化的。这些分享的经验集结成了 InfoQ 论坛上一个还算有些名气的连载——"中台之上"，以及笔者的第一本书《企业级业务架构设计：方法论与实践》。

17.2 培养建议

（1）培养架构能力

业务架构师的核心能力是架构设计，而不是业务或技术。这一点很重要，要多学习架构设计知识，这与很多人的认知不太一致，因为多数人把重点放在了"业务"上。但业务架构师不是业务人员，不可能比业务人员更熟悉业务细节，也不太可能比业务人员先了解业务变化，如果把这些期望放在业务架构师身上，那是不太合适的。这种目标也许未来会实现，也就是未来业务架构思维普及，每个业务人员都可以具备业务架构思维，在此之前，业务架构师还是要优先关注架构设计。

业务架构师的核心能力是将复杂的业务体系进行整体性的结构化设计，无论对 IT 技术或者业务有多熟悉，没有这种可以驾驭全局的结构梳理能力是做不好业务架构师的。此外,由于有"传导"这个职责,这种结构化设计需要跟 IT 设计有机结合,因此,学习系统分析与设计知识就变得很重要。熟悉技术的读者能够理解,这些知识虽然偏技术,却与具体的开发语言没有直接关系,学习其设计思维不必基于对开发语言的深度掌握。

(2)要多了解软件过程

很多技术工程师只是大致了解软件过程,日常工作中也不是很注重软件过程管理,然而,忽视了这一点,就无法了解、掌控整个开发过程。开发是为了高质量的交付,而非仅是完成任务。如果不注重软件过程,连自己的专业领域都无法持续优化,那又如何跨出一步去做业务架构师?对业务出身的读者来讲,学习软件过程知识就更为重要了,因为业务架构师必须了解自己的下游是如何运作的,业务架构是桥梁,业务架构师的作用是将业务和技术衔接起来。

(3)要学习流程优化等流程管理知识

业务架构通常不是为了现状进行设计,会涉及整合、优化现有流程,需要掌握一定的流程优化知识,这样业务架构师才能更好地为业务提供有价值的建议。但是笔者认为,流程优化虽然很重要,但不是专业书可以提供多少帮助的,比较依赖实操。适当学习些理论后再学习 BPMN 之类的工具知识就可以,要多注意实战,因为流程优化没有标准可言,多总结自己的心得更重要。

(4)要努力学习建模技术

业务架构的结构化设计通常是通过模型方式来展现的,因此要多学习不同的建模方法,包括流程的、数据的、UML 的、领域驱动设计的,取长补短,提升自己的模型表达能力,使设计结果能够更好地展现出来。

(5)关于跨界学习的建议

如果想要把业务人员培养成业务架构师,至少应该让其学习一门主流计算机语言,不需要达到很精深的程度,主要是理解技术落地的实现方式和技术人员的思维习惯。学习一门计算机语言,才能帮助业务人员完成跨界转型,哪怕后边把它忘了(不经常写代码自然容易忘)也没有关系。

如果想要把技术人员培养成业务架构师,至少要先深入学习一个业务领域,最好可以跟岗培训,找到设计的感觉,再去跨领域进行企业级业务架构设计。这就像所谓的"T"型人才,先有垂直的一竖,再做拓展的一横。

(6)多方面练习

对于想做业务架构师的读者来讲,日常养成从整体出发看问题的习惯,前看十年、后看十年地去整体、全面地分析问题。阅读也要广泛,历史书、军事、经济,乃至花鸟鱼虫都可以涉猎,而且读书、学习时都要养成全面分析的习惯,时刻注意整体和部分的关系。架构处理的就是结构和关系,日常生活、工作的方方面面都会用到架构分析能力,不是仅有系统设计会用到,养成了这种习惯也会让设计由"实现"变成"涌现"。

架构师的思维训练是非常重要的,时刻让自己保持全面的分析视角，通过深入交流增加洞察力，注意架构本身该有的演进性和开放性特点，才能逐渐把工作做好。

17.3 参考书目

学习业务架构，除了阅读笔者写过的《企业级业务架构设计：方法论与实践》之外，恐怕也就只有 TOGAF 类的培训资料了。但是这些还远远不够，笔者将自己读过且认为值得花时间研究的一些较为经典的书籍推荐给大家，希望对各位读者的学习过程有所助益。

（1）架构设计方面

《系统分析与设计》（Kenneth E.Kendall、Julie E. Kendall 著）、《设计原本》（Frederick P.Brooks 著）、《软件系统架构：使用视点和视角与利益相关者合作》（Nick Rozanski、Eoin Woods 著）、《领域驱动设计：软件核心复杂性应对之道》（Eric Evans 著）、《微服务设计》（Sam Newman 著）。

（2）软件过程方面

《软件工程：实践者的研究方法》（Roger S.Pressman 著）、《软件工程》（Ian Sommerville 著）、《人月神话》（Frederick P.Brooks 著）、《敏捷革命》（杰夫·萨瑟兰著）。

（3）流程优化方面

这方面笔者也觉得很难说哪些书非常适合，流程优化除了流程管理层面的技术知识外，更重要的可能来自管理学，不妨多读读管理类书籍，拓宽思路，再考虑具体的流程优化。推荐《目标》（Eliyahu Goldratt 著）、《凤凰项目：一个 IT 运维的传奇故事》（Gene Kim、Kevin Behr、George Spafford 著）。

（4）建模技术方面

除了软件工程、系统分析、架构设计类书籍中通常会带有的建模介绍外，《流程的永恒之道》（辛鹏、荣浩著）、《UML 面向对象建模与设计》（Michael Blaha、James Rumbaugh 著）、《数据建模经典教程》（Steve Hoberman 著）也建议读读。

（5）扩展训练方面

业务类书籍，建议多读些具有多年从业经验的人写的具有一定"感受"性特点的书籍，单纯的教材类书籍可能代入感稍微有些欠缺；历史、军事、经济、哲学类书籍其实很有助于从更宏观、更本质的层面了解社会的运行，有助于从更开阔的视角理解业务。通用些的书，笔者推荐《设计的意义》(保罗·兰德)、《技术的本质》(布莱恩·阿瑟)、《世界观》(理查德·德威特)、《EDGE：价值驱动的数字化转型》等。

成为一名优秀的业务架构师并不容易，因为检验其能力的是业务和技术两端对其设计成果的接受和执行程度。更困难的是能否切换领域完成设计任务，因为在一个领域中持续工作，经验、沟通技巧可能在一定程度上会弥补架构能力的不足，一旦切换领域，考验的就是架构能力了。

| 结束语 |

用企业架构下好数字化转型这盘大棋

    本书书名指出了企业架构是数字化时代的企业管理语言，但是全书尚未对此做出详细阐述，因为笔者认为，如果没有对书中的内容进行一定程度的学习，读者未必能完全认可笔者的说法。因此，在本书最后，笔者试着用一个比方来阐述这个问题，以此作为全书的结束语。

    每个时代的管理思想都会有其针对时代特点的演进。古代社会，因为技术在管理视野中的占比相对较低，对于人的思想管理、律法管理是重点，儒道墨法兵，诸子百家，思想荟萃，文化灿烂；工业社会，技术越来越重要，工厂生产逐渐机械化，管理也试图科学化，泰勒、法约尔、戴明等管理先驱不断提升生产过程管理的科学化、原则化，但是管理中的人性因素也始终未被忘记，管理中的心理学、行为学因素也不断增强，这一时期的很多开创性的管理理论提出者都是对一线生产有丰富经验或者做过深入观察的探索者；从信息社会开始，乃至未来的数字社会，技术越来越重要的同时，软件和数据的重要性也在持续上升，数据已被定义为新的生产要素，软件自然就会成为最重要的生产工具，"软件定义世界"这个口号早已有之。

适应这种发展趋势的管理思想会是什么呢？管理学为了迎接数字社会的到来应该怎么演进呢？首先，我们应该看企业管理面对的最大挑战是什么。在数字社会，企业数字化程度必然大幅度提升，也早有数字化企业都是科技企业的说法，这不仅是预测，也已经在逐渐走向现实。在《纲要》中，已经有大量推动企业提升数字化水平的要求和措施。软件和数据如此重要，使每个企业都面临一个难题：如何在一个企业内同时管理好两个行业，也就是原本的业务和不断扩大的IT，并让二者融为一体。要想做到这一点，管理思维就必须能够跨越二者。

工业时代很多伟大的管理先驱都对一线生产方式有充分的认知，从而提出适合的管理理论，但要求当前的管理者对IT的一线进行如此深入的了解，未必是可行的。那通过什么方法能够从宏观层面到微观层面都展示出企业在业务和IT之间的衔接情况，让各级管理者都能够看到企业业务资产和IT资产之间的有机联系，适当了解工程规律，让企业决策在一个技术高度发达的时代也能与时俱进地保持科学水平呢？

数字化企业的管理不仅是依靠技术让业务管理更有效率，更不是让管理者简单地把技术视作黑盒，而是必须能够适当驾驭技术，单纯的技术工具化思想不是数字时代的管理思想。

提升企业的整体性，从而提升企业效率，永远是企业管理的核心思想。但是在数字化企业中，这种整体性表示的不仅是各业务领域之间的整体性，还包括业务与技术的整体性，如同《纲要》中提到的"全国一盘棋"，企业也要做到"企业一盘棋"，要"业务与技术一盘棋"。

为实现这种业务与技术的高度融合，企业必须有可以支持业务与技术一体化思考的思维模式，而目前来看，非常合适这种思维模式的莫过于企业架构，其中的道理，尽在本书的阐述过程中。所以，不要只把本书当成一本架构类、工程类的书，这是一本数字化企业的管理者、从业者都需要理解的书。

本书并未涉及技术细节，因为本书介绍的是架构方法论，期望成为各类新架构理论、自主架构创新的思维参考，更希望管理者、从业者能够首先从思维层面理解企业架构，而不要被复杂的技术"吓退"。因此，本书虽然阐述了笔者的思路并总结介绍了很多实施方面的经验，但总体是"泛化"的，未附带任何可能会产生"特化"效果的具体实践，为的是不让读者本该广阔、开放的架构视野在思路贯通前被"拘束"住，过早陷入太多不必要的甚至带有感情色彩的争执中。

数字化转型是长跑，不是百米冲刺，而坚持到终点最需要的莫过于从当前开始，按照架构思维厘清企业的"棋盘"，找到需要的"棋子"，下出自己的"套路"。这盘棋如下图所示。

结束语 用企业架构下好数字化转型这盘大棋 315

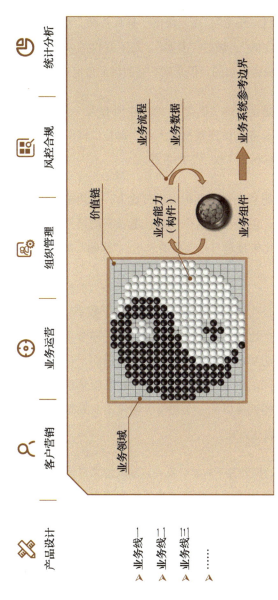

用企业架构搭建起数字化转型棋局

与下棋一样，下好每一步棋的重要性，远大于拼命追求胜利，围棋名局往往来自"长考"，而"快棋"鲜有名局。对于每一位职业棋手而言，下好"定式"、做好"复盘"，是下好棋的基础。实战中虽然不是靠"定式"决定胜负的，但基础不好的棋手肯定走不远。

企业架构是企业的"棋盘"，企业中所有人，上至管理者，下至执行者，无论是业务人员还是技术人员，都是"棋手"。清晰的"棋盘"和"棋子"更有利于"棋手"的发挥。

笔者很不愿意在企业架构书中打比方，因为笔者见过太多"把楼盖偏"的比喻，但是围棋这个比喻，笔者斟酌再三，还是觉得能把事情的道理说得比较接近自己期望的表达，"跑偏"的概率也算是降至了最低。

练好了用企业架构"下棋"，也就熟悉了数字化时代的企业管理语言。笔者再打个比方，我们可以像学语言一样学企业架构，不必过于纠结为什么语法要如此设置，因为学语言期间，讨论语法规则对不对显然是浪费时间。要通过积极尝试、积累经验来获取对语言的驾驭和修改能力，这样就可以从一个初学者慢慢走向熟练者，可以根据环境需要自己选择表达方式。

企业架构的探索并不容易，每一点获取都来自大量的付出，Zachman先生奠定企业架构理论基础的两篇论文间隔了五年之久，发扬其理论的 TOGAF 更是出现在 Zachman 先生首篇论文发表的八年之后，可见思考与实践的不易。笔者的两本书的出版间隔时间显然不够，思考深度依然有限。但是，笔者在与很多读者和企业的交流中也发现，企业架构的普及度远远不够，还需要更多的传播。而且，企业对于架构的误解很多,"过度担心"企业架构是所谓的"过度设计",但是,即便不采用企业架构方法,企业为重构而付出的代价就会小了吗?一个理想的重构真的会最终跳脱出企业架构所要做的事情吗?

企业往往希望获得企业架构的效果,却担心实施企业架构要付出太多;希望躲避企业架构实施的困难,却又找不到绕过企业架构的方法。互联网企业目前已经表现出重新发现企业架构价值的趋势,对此,传统企业又该怎么想呢?是不是也该再勇敢一点,再重视一点?

九百多年以前,北宋思想家、教育家、理学创始人之一张载就提出了"为天地立心,为生民立命,为往圣继绝学,为万世开太平"的名言。这四句名言也正是方法论研究与实践时该树立的座右铭。

最后,笔者真诚地希望,在"数字化"这个离不开顶层设计驱动的时代转换大浪潮下,在如此多的行业创新中,也能涌现出更多适合国内企业实际情况、实施路径的企业架构理论,也能出现更好地服务于数字中国建设的企业架构方法论,让全社会的数字生态互联得以加速发展。

附　录

企业架构能力成熟度各维度评级说明

	战略管理	组织管理	业务设计	构件设计
无感级	成熟度最低的一级，完全不认为需要战略管理	成熟度最低的一级，完全不认为需要组织管理	成熟度最低的一级，企业尚不具备明显的流程管理能力	成熟度最低的一级，企业尚不具备明显的构件设计特征
认知级	认为战略管理有必要，尝试去进行初步的战略思考、战略设计，有少量可量化的战略指标	认为组织管理有必要，已经在企业内部进行了初步的组织分工或者职责分工，有少量可量化的组织考核指标	认为流程管理有必要，已经在企业内部制定了部分关键流程	认为构件设计有意义，尝试进行相关研究，部分现有设计方法借鉴构件思想
可管理级	有明确的战略管理过程，乃至有明确的战略管理组织，有大量可量化的战略指标，注重战略执行结果的评估	有明确的组织管理过程，乃至有明确的组织管理部门，有大量可量化的部门管理指标（如KPI），对组织绩效有整体评估	有明确的流程管理要求，乃至有明确的流程管理部门，有大量规范的业务流程等，对流程效率有整体评估	部分领域有构件设计成果，有构件设计的相关规范
可演进级	战略具有明显的连续性，有长期目标、演进策略、演进痕迹，即使前后战略有较大调整，也能积累下良好的战略管理经验，可培养自己的战略管理人才	组织管理与战略之间具有良好的结合性，注重用成长性指标（如弹性化的OKR）进行组织管理，具备灵活调整能力，可培养自己的组织管理人才	流程完全结构化，有管理工具支持流程管理，流程与战略管理具有良好的结合性；流程可以对组织变化做出一定响应；具备一定的灵活调整能力，可培养自己的流程改进人才	构件设计较为普遍，有开发工具支持构件设计，有基于企业架构和构件逻辑的业务架构设计方法论，可培养自己的具有良好业技沟通能力的业务架构师
优势级	具有多次战略成功落地并取得预期效果的经验，战略形成的优势为市场所公开认可，领导层的战略能力也得到公开认可	具有多次组织管理支持企业战略成功落地并取得预期效果的经验，组织管理形成的优势为市场所公开认可，员工更倾向于自我激励、自驱动式管理	具备较强的灵活调整能力，能够对战略、组织的变化进行快速响应；流程管理形成的优势为市场所公开认可；流程可由员工自发管理；拥有有影响力的业务专家	构件设计模式及其形成的优势已经为市场所公开认可，能够影响其他企业推动相互连接的构件设计，拥有有影响力的业务架构师

应用设计	技术设计	工程管理	生态架构
成熟度最低的一级，企业完全不具备从企业级视角设计应用的能力和经验	成熟度最低的一级，企业完全不具备从企业级视角做技术架构设计的能力和经验	成熟度最低的一级，企业完全不具备从企业级视角做工程管理的能力和经验	成熟度最低的一级，企业基本不具备对工程的标准化管理能力和经验
认为企业级应用架构设计有意义，尝试进行相关研究，在部分领域尝试从技术侧推动跨领域应用设计	认为企业级技术架构设计有意义，尝试进行相关研究，在部分领域尝试从技术侧推动整合技术架构	认为企业级工程管理是需要的，尝试进行相关研究，尝试做若干项目的协同管理	认为工程标准化管理是需要的，并进行项目级的标准化管理
通过大规模企业级工程，从技术侧推动企业级应用架构设计的横向拉通，业务侧参与度不高，初步形成企业级应用架构视图，培养了少量偏技术类型的应用架构师	通过大规模企业级工程，从技术侧推动企业级技术架构设计，业务侧参与度不高，初步形成企业级技术架构视图，培养了少量企业级技术架构师	通过大规模企业级工程，从技术侧推动企业级工程管理能力提升，初步形成企业级工程管理方法，培养了少量企业级工程项目管理师	通过大规模企业级工程，从技术侧推动标准化管理，初步形成标准化管理方法和制度，强化了技术人员的标准化思想
业务侧深度参与，有基于企业架构的应用架构设计方法论，可以充分承接业务架构设计成果，可培养自己的能够跟业务架构师形成良好合作的应用架构师	业务侧深度参与，有基于企业架构的技术架构设计方法论，并通过企业级应用架构连接起业务架构和技术架构，可培养自己的能够分级协作的技术架构师	基于企业架构设计进行项目规划和工程管理，多项目协同的进度控制能力较强，能持续迭代工程管理方法，有良好且与企业开发过程融合充分的架构管理工具，可培养自己的能够分级协作的工程项目管理师	业务侧深度参与，结合企业架构开展全企业的标准化管理，能够在生态中引导相关企业的标准化工作，可培养自己的推动各类标准化工作的专业管理人才
应用架构设计能够良好地支持业务架构设计及其变动，应用架构设计形成的优势已经为市场所公开认可，能够影响其他企业推动相互连接的应用架构设计，具有有影响力的应用架构师	技术架构设计能够良好地支持业务架构、应用架构设计及其变动，技术架构设计形成的优势已经为市场所公开认可乃至提供有影响力的开源组件、开源框架，培养了有影响力的技术架构师	企业级工程管理能力形成的优势已经为市场所公开认可，可以进行良好的跨企业工程协作，具有有影响力的工程项目管理师	标准化管理能力形成的优势已经为市场所公开认可，具有企业推出的行业级标准，能够引领行业的标准化和基于标准化的生态互联

推荐阅读

企业级业务架构设计：方法论与实践
作者：付晓岩

从业务架构"知行合一"角度阐述业务架构的战略分析、架构设计、架构落地、长期管理，以及架构方法论的持续改良

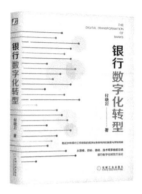

银行数字化转型
作者：付晓岩

有近20年银行工作经验的资深业务架构师的复盘与深刻洞察，从思维、目标、路径、技术多维度总结银行数字化转型方法论

凤凰架构：构建可靠的大型分布式系统
作者：周志明

超级畅销书《深入理解Java虚拟机》作者最新力作，从架构演进、架构设计思维、分布式基石、不可变基础设施、技术方法论5个维度全面探索如何构建可靠的大型分布式系统

架构真意：企业级应用架构设计方法论与实践
作者：范钢 孙玄

资深架构专家撰写，提供方法更优的企业级应用架构方法论详细阐述当下热门的分布式系统和大数据平台的架构方法，提供可复用的经验，可操作性极强，助你领悟架构的本质，构建高质量的企业级应用